Alle Rechte der Verbreitung, auch durch Film, Funk und Fernsehen, fotomechanische Wiedergabe, Tonträger, elektronische Datenträger und auszugsweisen Nachdruck, sind vorbehalten.

Für den Inhalt und die Korrektur zeichnet der Autor verantwortlich.

© 2018 united p. c. Verlag

Gedruckt in der Europäischen Union auf umweltfreundlichem, chlor- und säurefrei gebleichtem Papier.

www.united-pc.eu

Nadine Schemperle

Biber Bertis abenteuerliche Flussreisen

Widmung:

Für meine Eltern, die immer flussaufwärts geschwommen sind.

Vorwort

In diesem vorliegenden Buch wird in spannender und humorvoller Weise das abenteuerliche Leben des charmanten Biber Berti geschildert. Wir lernen seine Lebensweise, z.B. was er frisst, dass er sehr gerne im Wasser ist und in einer grossen Biberburg wohnt, kennen. Zugleich lernen wir auch die Tiere, denen er am Fluss und im Wald begegnet, kennen. Berti begegnet einem Entenpaar, einer Fuchsfamilie, einem Reh mit einem Rehkitz, einem Dachs und noch vielen anderen Tieren.

Eingeflochten in die Erlebnisse, die der Biber Berti mit diesen verschiedenen Tieren macht, werden uns Hilfen für unser Verhalten im Alltag gegeben, sei es den Eltern, den Geschwistern oder den Mitschülern gegenüber. Es wird uns gezeigt, dass wir uns um andere, die Schwierigkeiten haben, kümmern sollen. Zudem wird darauf hingewiesen, wie wichtig es ist, dass wir respektvoll mit den anderen zuhause und in der Schule umgehen, und dass wir an dem, was die anderen bedrückt, Anteil nehmen sollen. Weiter wird in diesem Buch an gewissen Stellen auf die Wichtigkeit des Gebets hingewiesen. Immer wieder wird aufgezeigt, wie wichtig im Alltag die Dankbarkeit ist.

Es wird auch ausgeführt, dass wir nicht so schnell mit einem anderen, z.B. mit dem Bruder, der Schwester oder einem Mitschüler, streiten sollen. Wenn wir am Ergehen anderer Anteil nehmen, können wir uns schliesslich auch mit ihnen freuen, wenn sich alles in ihrem Leben zum Guten wendet.

Prof. em. Dr. Armin Mauerhofer

Danksagung

Mein besonderer Dank gilt dem Autor und Kinderbuchspezialisten Dr. Reiner Andreas Neuschäfer †, der mich zum Weiterschreiben und Veröffentlichen dieses Buches motiviert hat und dessen Kinder meine ersten kleinen Kritiker waren. Ebenfalls bedanke ich mich bei meinem lieben und geschätzten Mentor Prof. em. Dr. Armin Mauerhofer für die Erstellung des Vorwortes.

Ganz herzlich danke ich auch meiner ehemaligen Studienkollegin und liebenswerten Freundin Franziska Gulde für die erste Überarbeitung des Manuskripts und die Bereitschaft zur inhaltlichen Diskussion. Nicht zuletzt danke ich Prof. Dr. Harald Seubert für die Erstellung einer Rezension zu vorliegendem Buch, mit all der damit verbundenen Arbeit.

Zürich, im Mai 2018   Nadine Schemperle

Inhaltsverzeichnis

Eine stinkende Überraschung 11

Biber Berti braucht ein Zuhause 14

Hilfe, Hilfe eine Ratte! 19

Spitznase, Rotfell und Samtpfote in großer Not .. 26

Biber Berti und der schwarze Hund 44

Ärger aus heiterem Himmel 51

Biber Berti fühlt sich einsam 63

Ungebetener Besucher steigt Berti auf's Dach ... 78

Wie ein Schuss aus einem Gewehrlauf 89

Gestalten im fahlen Mondlicht 97

Franz der Frechdachs 105

Franz und Berti werden Freunde 135

Berti packt das Reisefieber 143

So hilf mir doch jemand! 167

Du hast meine Nuss gestohlen, Dieb! 176

Zu Gast beim Tunnelgräber 186

Über die Autorin 196

Quellenverzeichnis 198

Eine stinkende Überraschung

Die Sonne schickte ihre letzten schwachen Strahlen vom Himmel herab, während Biber Berti ein erfrischendes Bad in der Riss nahm. Die Luft war kühl und frisch, der Morgentau hing noch an den Blättern, als die frühherbstliche Sonne endlich durch den sich nun auflösenden Nebel dringen konnte. Nun trafen die Strahlen auf Bertis Kopf, der soeben aus dem Wasser auftauchte. Berti blinzelte in die Sonnenstrahlen und klatschte mit seinem breiten Biberschwanz so kräftig auf die Wasseroberfläche, dass es spritzte und platschte, pitschte und patschte. Ach, war das wieder ein Spaß!

Berti liebte es, so im Wasser zu tollen. Fast hätte er meinen können, er sei alleine auf der Welt, wäre da nicht das laute Zwitschern der Vögel gewesen, die mindestens genau so früh wie Berti aufgestanden waren, um in der Morgensonne ihr fröhliches Lied zu trällern. Berti lauschte ihrem Gesang und dem Gemurmel des Flüsschens mit großem Wohlbehagen, während er die munteren Vögel beim Insektenjagen beobachtete. Bald aber wurde er wieder vom Gemurmel des Flüsschens abgelenkt, erneut tauchte er ins Wasser, um weiter zu plantschen. Er hätte ewig so weitermachen können, wäre da nicht ein leichtes Knurren in seinem Magen gewesen, das nun mit jedem Abtauchen ein wenig lauter wurde, um ihn bald daran zu erinnern, dass er sich langsam um sein Frühstück zu kümmern hatte.

Berti schwamm langsam in Richtung Ufer. Dort stieg er über ein paar alte knorrige Äste, die im feuchten Schlamm lagen und wackelte zur nächsten Weide, deren tiefhängenden Äste er leicht erreichen konnte. Er stellte sich auf seine Hinterbeine, zog ein Ästchen dicht zu sich heran und fing nun mit seinen langen gelben Schneidezähnen an, genüsslich an der hellen Rinde zu knabbern. Auch die kleinen silbernen Blättchen, die besonders zart schmecken, ließ er sich nicht entgehen und da der Hunger vom vielen Herumplanschen besonders groß war, fraß er auch den ganzen übrigen Ast. Natürlich blieb es nicht bei einem, Berti verspeiste einen Ast nach dem Anderen, schließlich wollte er sich einen Winterspeck anfressen. Außerdem schmecken die Äste noch besonders saftig, solange frische noch grüne Blätter an ihnen hängen. Das ging eine ganze Weile so, bis Berti keinen Bissen mehr hinunterbrachte. Dann verkroch er sich glücklich und zufrieden unter dem dichten Blattwerk eines Busches, der dicht am Ufer stand. Bald schlief er ein, wobei er laut schnarchte und einen schönen Traum träumte.

Er hätte wohl noch eine ganze Weile so geschlafen, wäre er nicht von einem lauten Geräusch aufgeweckt worden. Berti erschrak, wo kam das her, würde es näher kommen?

Berti kroch vorsichtig die Böschung hinauf. Oben angekommen, blickte er vorsichtig über den Rand, um zu sehen, was überhaupt vor sich ging. Da sah er zum ersten Mal in seinem Leben einen Traktor.

Der große, grüne Traktor zog ein noch größeres, silbernes Fass hinter sich her. Seitlich entlang des Fasses schauten grüne, dicht aneinandergereihte Schläuche in die Luft, die plötzlich seitlich wegklappten, fast wie ein Vogel, der seine Flügel ausbreitet. Gespannt sah Berti zu. Das riesige Gefährt wendete, ließ die Schläuche auf den Boden herabsinken und fuhr weiter. In der Luft hing bald ein faulig stinkender Geruch, der immer stärker wurde. Das Fass sprühte eine braune, schäumende Brühe auf die Wiese und machte dabei noch mehr Krach als zuvor. Berti hatte die Nase bald gestrichen voll von diesem Gestank. Er hielt sich die Nase zu, rannte die Böschung hinunter, wobei er sich vor Eile überschlug, und hüpfte ins kalte Wasser.

Um den Gestank nicht länger ertragen zu müssen, schwamm Berti nun unter Wasser weiter. Berti konnte nämlich richtig lange unter Wasser bleiben, ohne auch nur einmal Luft holen zu müssen. Als er so ein gutes Stück den Fluss hinunter geschwommen war, tauchte er langsam wieder auf, die Luft war rein.

Biber Berti braucht ein Zuhause

Von seinem Verdauungsschläfchen ausgeruht, entschied sich Biber Berti nun, an seiner Burg, an der er schon gestern gearbeitet hatte, weiter zu arbeiten. Die Burg baute Berti an einer Flussbiegung, an deren linker Seite eine Böschung lag, die stark mit Birken, Weiden und anderen Hölzern bewachsen war, die Biber Berti gut gebrauchen konnte. Auch Schilf wuchs am anderen Rand des Ufers entlang, Berti hatte alles, was man zum Bauen brauchte.

Fleißig machte er sich daran, das erste Bäumchen zu fällen, eine schöne junge Birke, die neben dem Wasser am schrägen Hang stand. Berti nagte den Stamm rundherum ab, bis er in der Mitte ganz dünn war und wie eine Sanduhr aussah. Dann kippte das Bäumchen um, wobei es vollends abbrach und den Hang hinab rutschte. Nun machte sich Berti an eine dünne Weide, die ihre Äste traurig in den Fluss hängen ließ. Nach schon etwa zehn Minuten lag die Weide im Wasser und so arbeitete Berti stundenlang. Immer wieder rammte Berti die Stämmchen der Bäume in das Flussbett. In die Zwischenräume flocht er die dünnen Äste und Zweige und was dann noch nicht dicht war, wurde mit Blättern aufgefüllt. Als das geschafft war, tauchte Berti unzählige Male auf den Grund des Flusses hinab, um von dort Steine herauf zu holen, mit denen er seine Burg noch stabiler machte. Berti war ein Biber und fühlte sich daher im Wasser wohl, trotzdem wollte er eine trockene und warme Stube haben, in die außer ihm selbst niemand hinein konnte und in der es auch bei Sturm und Wetter nicht zog. Daher legte Berti seinen Eingang unter Wasser an, damit nur er wusste, wo man hinein kam. Morgen wollte Berti seine Burg noch ein bisschen größer bauen und die undichten Stellen mit Schlamm verschmieren, aber für heute war es genug. Die Sonne war schon untergegangen, Wind war aufgekommen, der Berti nun um die Ohren zog. Blitze fingen an, zu zucken und mit dem ersten Donnergrollen fingen schwere Regentropfen an, vom Himmel zu fallen. Für heute reichte es Berti, er war nun müde und hungrig von der langen Arbeit. Zum Glück lagen noch genügend Ästchen herum, die Berti nicht verbaut hatte, die aß er nun alle eilig bis auf den letzten auf, dann brach das Gewitter so richtig los.

Müde und satt tauchte Berti nun auf den Grund des Flusses hinab, zu dem Geheimgang, dessen Eingang nur er kannte. Durch ihn gelangte er in seinen Bau. Berti war noch nicht ganz zufrieden mit seiner Wohnung, sie war noch ein wenig ungemütlich. Ein Rohbau sozusagen, wie in einem Haus, das noch nicht verputzt oder tapeziert ist. Aber wenigstens hatte Berti ein Dach über dem Kopf und er war in Sicherheit. Lautes Donnergrollen war von draußen zu hören, der Sturm tobte und peitschte gegen Bertis Burg. Dennoch war Berti nach wenigen Minuten tief und fest eingeschlummert, immerhin hatte er ein Dach über dem Kopf und war in Sicherheit.

Erst am nächsten Morgen wachte er wieder auf, er hatte gut geschlafen, nur sein Rücken tat ihm ein bisschen weh, weil der Boden in seiner Burg noch hart war. Aber das sollte sich heute ändern. Berti hatte nämlich vor, sich vor dem Winter noch so richtig gemütlich einzurichten, damit er bequem und weich liegen konnte. Es dauerte nicht lange, bis Berti richtig wach war. Denn sobald Berti das Murmeln des Flüsschens hörte, hatte er den unwiderstehlichen Drang, nach draußen zu gehen und aktiv zu werden. Berti verließ seine Burg über den Geheimgang. Tief tauchte er ins Wasser und glitt mühelos den Fluss hinab. Nach ein paar Kurven machte er halt, um zu frühstücken. Heute Morgen hatte er wieder einmal richtig Lust auf frischen Schilf und davon gab es reichlich am sumpfigen Ufer. Er setzte sich im Morgengrauen mitten in den Schilf und knabberte eine Pflanze nach der anderen, bis er ganz satt war. Jetzt hatte er wieder jede Menge Kraft für die Arbeit. Gegen den Strom schwamm er nun flussaufwärts, um neues Baumaterial zu beschaffen. Eifrig nagte er Ästchen ab, schleppte sie durchs Wasser und zog sie durch den Geheimgang in den Bau, bis alles schön dick gepolstert war. Dabei verging fast der ganze Morgen, ohne dass Berti eine Pause machte. Berti war Architekt und Zimmermann zugleich, er wusste genau, wie er den Bau konstruieren musste und auch, wie er seine Planung umsetzen konnte. Berti fand den Bau von außen noch zu niedrig. Wenn das Wasser im Herbst ansteigen würde, könnte der Damm undicht werden, das wollte Berti auf gar keinen Fall. Um den Bau noch höher zu machen, musste er ein paar dünne Birken fällen und auf den Damm aufschichten. Sorgsam wählte Berti die geeigneten Exemplare aus. Mit seinen scharfen, langen Schneidezähnen fällte er die erste Birke. Bevor er sie aber auf den Bau aufschichtete, fraß er die gesamte Rinde um das Bäumchen ab. Die Rinde mit dem darunterliegenden weichen Holz hatte er am liebsten. Nachdem das Bäumchen entrindet war, schichtete er den Stamm auf den Bau. So machte er es viele Male, bis der Damm höher wurde. Auch Steine schleppte er zuhauf herbei, sodass der Bau sehr stabil wurde. Die undichten Stellen dichtete er mit Schlamm ab. Berti arbeitete noch volle zwei Wochen so, bis er mit seinem Heim zufrieden war.

Nun war der Herbst noch ein Stückchen weiter vorgerückt. Immer öfter lagen dichte Nebel über dem Risstal. Zum Glück standen die Maisfelder noch, deren Kolben jetzt schön groß und saftig waren. Die Körner waren noch hellgelb, genau so, wie Berti sie mochte.

Hilfe, Hilfe eine Ratte!

Jetzt, da sein Bau fertig war, konnte Berti dem Winter gelassen entgegensehen. Ungestört schwamm er im Fluss umher, um nach nahegelegenen Maisfeldern Ausschau zu halten. Wenn er ein passendes gefunden hatte, hielt er an, um an Land zu gehen. Mit seinem runden, moppeligen Körper wackelte er auf die Maispflanzen zu, die er in wenigen Augenblicken gefällt hatte. Den Duft konnte er schon von weitem riechen. Mit seinen zwei Vorderpfoten, die er wie Händchen benutzen konnte, hielt er die Kolben fest und fraß sie laut schmatzend rundherum ab. Manchmal, wenn er an einer Streuobstwiese vorbeikam, fand er sogar heruntergefallene Äpfel, die er nicht weniger liebte. Saftige lila Pflaumen waren zu finden, feine süße Birnen und manchmal sogar Mirabellen. Bei Mirabellen wusste Berti überhaupt nicht mehr, wann er aufhören musste. So war es auch nicht verwunderlich, dass Berti sich bald eine dicke fette Speckschicht angefressen hatte. Für Berti war seine Umgebung nun fast wie ein Schlaraffenland. Auf den Äckern fand er leckeres Gemüse, das ihm jede Menge Abwechslung auf seinem Speiseplan bot und wenn er nicht gerade fraß, dann schaute er den Bauern bei der Ernte zu.

Jedes Mal, wenn die großen Traktoren anrollten, um ein weiteres Maisfeld abzuernten, war Berti ein bisschen komisch im Magen, denn er wusste, dass dies der endgültige Abschied von der wärmeren Jahreszeit war. Noch aber war es nicht so weit. Berti hatte noch immer die Gelegenheit, sich den Bauch täglich mit den allerleckersten Sachen voll zu schlagen. Um die Verdauung in Schwung zu bringen, hüpfte er zum Schwimmen ein bisschen in den Fluss und wenn ihm langweilig wurde, fand er immer wieder ein Feld, das gerade abgeerntet wurde. Mal war es Mais, mal waren es Steckrüben oder die fleißigen Menschen pflückten das Obst von den Bäumen, welches sie in großen Körben davon trugen.

An einem sonnigen Herbstvormittag schwamm Berti einmal wieder im Fluss herum. Er war auf Entdeckungsreise. Jedes kleine Seitenärmchen des Flusses, das man finden konnte, untersuchte er neugierig. Man konnte nie wissen, wo etwas Neues auf einen wartete. So kam es, dass Berti einem kleinen Rinnsal folgte, das in einen schönen großen See mündete, der ringsum von hohem Schilf eingewachsen war. Langsam schwamm Berti am Schilf entlang und beobachtete ein Entenpaar. Herr Enterich hatte ein herrlich buntes Gefieder, das wunderschön in der Sonne glänzte. Frau Ente`s Federkleid war schön grau und passte sich der Umgebung gut an. Als die Beiden Berti sahen, grüßten sie ihn freundlich. „Guten Morgen Herr Biber, wo kommen Sie denn her?", wollte Herr Ente wissen. „Sie haben wir hier ja noch nie gesehen, kommen Sie aus der Gegend?", schob Frau Biber hinterher, noch bevor Biber Berti die Frage von Herrn Biber beantworten konnte. „Guten Morgen Herr und Frau Ente", grüßte Berti freundlich zurück, „es ist schön, auf so gut gelaunte Enten wie Sie zu stoßen", sagte er. „Ich komme ganz aus der Nähe von hier, etwa einen halben Kilometer flussaufwärts befindet sich meine Burg, die ich nun endlich winterfest gemacht habe, und da ich mit meinen Bauarbeiten so gut wie fertig bin, hatte ich heute genügend Zeit, um einen Ausflug zu unternehmen." „Da hatten Sie aber recht, Herr Biber", sagte Frau Ente, „an so einem wunderschönen Sonnentag kann man doch unmöglich zu Hause sitzen bleiben, schließlich werden die Sonnentage nun immer weniger, da muss man doch jede Gelegenheit nutzen." „Eben, eben", stimmte Herr Ente mit ein. „Man trifft ja auch niemanden, wenn man immer nur zu Hause herumsitzt. Aber bevor sie weiter schwimmen, Herr Biber, dürften meine Frau und ich noch Ihren Namen erfahren?" „Aber natürlich, gerne dürfen sie das, Herr Ente, ich bin Biber Berti, aus Biberach." „Schön, Sie kennengelernt zu haben, Biber Berti", sprachen Herr und Frau Ente, „wir wünschen Ihnen noch einen wunderschönen Tag." „Das wünsche ich Ihnen auch", antwortete Berti und schwamm davon. Weiter ging es am grünen Ufer entlang, bis Berti fast das Ende des Sees erreicht hatte. Schon von weitem hatte er gesehen, dass dort eine Gruppe von Leuten stand. Berti wurde sehr neugierig. Eigentlich war es doch schon fast ein bisschen zu kalt zum Baden, was die Leute dort wohl machten? Er wollte es unbedingt herausfinden und schwamm noch näher in Richtung Ufer. Dabei war er besonders bemüht, ganz leise zu sein, um auf gar keinen Fall entdeckt zu werden. Ganz nahe kam er ans Ufer heran, bis auf wenige Meter. Dort versteckte er sich am Rand im Schilf. Von hier aus konnte er alles genau beobachten, ohne entdeckt zu werden. Neugierig schaute er zwischen den Schilfrohren hervor. Am Ufer stand eine große Gruppe von Leuten, große und kleine Leute, alte und junge. Sie alle waren schön gekleidet und hatten einen festlichen Ausdruck auf ihren Gesichtern. Vor den Leuten stand ein mittelgroßer schlanker Mann, mit schönem silbergrauem Haar. Er trug einen langen schwarzen Umhang, der ihm bis zu den Füssen reichte. Um den Hals hatte er einen kleinen weißen Stehkragen, der sich auffallend vom schwarzen Umhang abhob. Der Mann hatte ein freundliches rundes Gesicht, mit schönen blauen Augen, die hinter seiner runden Brille hervorleuchteten. Vor sich hielt er ein schwarzes, in Leder gebundenes Buch, das geöffnet in seiner Hand lag. Daraus las er mit lauter, klarer Stimme vor. Die Leute, die sich vor dem Mann versammelt hatten, hörten alle aufmerksam zu. Außer seiner Stimme war nichts zu hören, nur ein gelegentliches Räuspern aus der Menge. Vor den Leuten standen vier Personen aufgereiht, die in lange weiße Gewänder gehüllt waren. Diese sprach der Mann als Täuflinge an. Unter ihnen war eine Dame um die vierzig Jahre. Sie trug roten Lippenstift und hatte die Haare zu einer schönen Frisur hochgesteckt. Neben ihr stand ein Junge im Teenageralter, er mochte so um die achtzehn Jahre alt sein. Seine Haare waren sehr kurz, am linken Ohr trug er einen kleinen Ohrring und unter seinem weißen Umhang kuckten Turnschuhe hervor. Neben dem Jungen stand wohl ein Ehepaar. Berti hielt sie zumindest für eines, denn sie hielten sich gegenseitig an der Hand.

Für jeden las der Mann im schwarzen Umhang einen Text aus dem schwarzen Buch vor. Er sagte:

„Liebe Alisia, für dich habe ich folgenden Vers ausgesucht": *Hab keine Angst, ich habe dich erlöst. Ich habe dich bei deinem Namen gerufen; du gehörst mir. Wenn du durch Wasser gehst, werde ich bei dir sein. Ströme sollen dich nicht überfluten!"* So las er für jeden etwas vor und alle hörten aufmerksam zu. Dann sagte der Mann: „Die Täuflinge dürfen nun ihr Zeugnis geben." In diesem Moment trat die Dame mit den roten Lippen und den hochgesteckten Haaren nach vorne. Mit ihren Stöckelschuhen stakste sie langsam in Richtung Wasser. Als sie schon bis zu den Knien im Wasser stand, kam plötzlich ein großer grauer Hund durch das Schilf auf Berti zugeschossen, der sich von seinem Besitzer losgerissen hatte. Laut kläffend mit gefletschten Zähnen stürzte er auf Berti los. Der sah sich gezwungen, schnell aus dem Schilf heraus zu schwimmen. Vor lauter Angst und Schrecken merkte er nicht mehr, wie er auf die Dame zuschwamm. Mit lauter, kreischender Stimme schrie diese nun: „Eine Ratte, eine Ratte", wobei sie schnell aus dem Wasser rannte. Am Ufer rutschte sie aus und stürzte, sodass sie mit dem Gesicht nach unten von Kopf bis Fuss im Schlamm lag. Der Mann im schwarzen Umhang, den sie Pastor nannten, versuchte, ihr zu helfen und rutschte ebenfalls aus. „Verflixt!", rief er noch, bevor er laut platschend samt seinem schönen Buch ins Wasser fiel. Dabei verlor er seine Brille und rief laut um Hilfe. Ein entsetztes Raunen ging durch die Menge, doch Berti hatte keine Sekunde Zeit, um dies wahrzunehmen. Der wild gewordene Hund stürzte sogleich hinter ihm her, Berti blieb nichts anderes übrig, als schnell unterzutauchen und davon zu schwimmen. Erst nach zehn Minuten, als er schon den gesamten See durchschwommen hatte, tauchte Berti wieder auf. Schnell machte er sich in Richtung Fluss davon, ohne noch ein einziges Mal nach hinten zu schauen. So hatte sich Berti seinen Ausflug nicht vorgestellt. Alles, was er nun wollte, war seine Ruhe, und die fand er am besten in seiner Burg, die er nun so schnell wie möglich zu erreichen versuchte.

Endlich tauchte die Burg vor Bertis Augen auf. Noch einmal musste er Luft holen, dann war er durch den Geheimgang ins Innere gelangt.

Hier war alles ruhig und gemütlich. Berti machte es sich auf den weichen Blättern bequem. Zum Glück hatte er sich seine Burg gebaut, in der er sich nun verstecken konnte. Sein Fleiß hatte sich gelohnt. Zufrieden schloss er die Augen und schlummerte ein.

Spitznase, Rotfell und Samtpfote in großer Not

Als Berti am frühen Morgen wieder aufwachte, knurrte sein Magen. Langsam streckte und reckte er sich, bevor er mit einem lauten Gähnen aufstand. Das frische Wasser, in das er nun eintauchte, weckte ihn vollständig auf. Eine Nacht in seiner Burg hatte ihn fast alle Schrecken vergessen lassen. Sogar der große graue Hund war fast vergessen und schien weit weg zu sein. Es lag noch Nebel über dem Risstal, als Berti sich in Richtung seines Lieblingsmaisfeldes aufmachte. Berti liebte Mais und wollte die Zeit noch nutzen, bis der Mais geerntet würde. Die meisten Felder waren schon weg, daher durfte er keine Zeit verlieren. Neben dem Maisfeld befand sich eine Streuobstwiese, da fand Berti immer einen leckeren Nachtisch in Form eines Apfels, einer Birne, einer Mirabelle oder Pflaumen. Berti fing mit mehreren Maiskolben an, bis er sich schließlich in Richtung Wiese aufmachte, um einen seiner Lieblingsäpfel der alten Sorte Jacob Fischer zu verspeisen. Er wackelte durch das nasse Gras, immer der Nase nach, bis er ein besonders schönes, rotbackiges Exemplar fand. Der Geruch stieg ihm mit solcher Intensität in die Nase, dass Berti schon im Voraus das Wasser im Mund zusammenlief. Herzhaft und voller Appetit biss er in den Apfel, dabei lief ihm der süße Saft über die Pfoten, dass es nur so tropfte. Laut schmatzend saß Berti so im Gras, einen Apfel nach dem anderen vertilgend, als er plötzlich Geräusche hinter sich hörte. Berti sah sich um, konnte aber niemanden sehen. Komisch, er war sich ganz sicher, etwas gehört zu haben. Vorsichtig durchquerte er die Wiese bis zu einer Stelle, an der alte Baumstämme aufgeschichtet waren. Berti ging um die Baumstämme herum, bis er ein Loch entdeckte. Vorsichtig schlich er sich heran. So leise er konnte steckte er den Kopf in das Loch, worauf es sofort wieder anfing zu rascheln. Als Bertis Augen sich an das Licht gewöhnt hatten, sah er drei kleine, wunderhübsche Füchse mit rotem Fell. Sie saßen alle alleine in ihrem Bau, der durch die Baumstämme gut geschützt war. Wo war die Mutter? Erschreckt sahen die kleinen Füchse Berti an. „Was macht ihr denn hier, so ganz alleine?", fragte Berti. „Wir warten auf unsere Mutter", antworteten sie. „Wo ist sie denn hingegangen?", wollte Berti wissen. „Das wissen wir nicht", antworteten die Kleinen, „wir wissen nur, dass sie uns etwas zu essen besorgen wollte, seitdem ist sie nicht mehr aufgetaucht." Biber Berti sah die drei besorgt an. „Wann wollte eure Mutter denn wieder kommen?" „Normalerweise ist sie nach ein paar Stunden wieder da, aber wir warten jetzt schon einen ganzen Tag und sie ist noch immer nicht wiedergekommen." Wie sie das so sagten, schauten sie Berti fragend an. „Habt ihr denn großen Hunger?", fragte Berti. Ja und wie, mein Bauch tut schon richtig fest weh, sagte der Kleinste der Füchse und dabei sah er richtig erbarmungswürdig aus. Berti hatte großes Mitleid mit den drei Kleinen, aber was sollte er tun? Schließlich konnte er keine Mäuse für die Kleinen fangen und überhaupt war Berti Vegetarier und kein Fleischfresser. Nachdenklich blickte er vor sich hin, bis ihm endlich etwas einfiel. „Habt ihr denn schon einmal Obst gegessen?", fragte Berti. „Obst?", kam es wie im Chor, „was ist das denn?" „Etwas sehr leckeres", sagte Berti, „das werdet ihr gleich sehen!" So schnell, wie es für Biber Berti möglich war, wackelte er über die Wiese. Zuerst sammelte er ein paar Pflaumen, dann Mirabellen, dann noch eine Birne und einen Apfel. Alles brachte er nacheinander den kleinen Füchsen. Sorgsam schnüffelten die Füchschen an dem Obst herum, dabei fiel Biber Berti auf, wie lustig sie mit ihren langen Ohren aussahen. Berti wollte schon fast ungeduldig werden, bis der Erste der drei anfing, an einer Mirabelle zu knabbern. Es war Spitznase, der Größte von ihnen. „Schmeckt das denn gut?", fragte Spitznases Brüderchen Rotfell. „Jedenfalls gar nicht so schlecht", sagte Spitznase und verspeiste dann den Rest. Als Rotfell und Samtpfote, die Kleinste von ihnen, das sahen, probierten sie sofort auch und im Nu war alles aufgegessen. Zufrieden saß Berti vor dem Fuchsbau und sah den Dreien beim Essen zu. Nachdem alles aufgegessen war, sagte Samtpfote: „Wir wollen mehr, ich hab noch mehr Hunger." „Wir auch!", sagten Spitznase und Rotfell. Berti besorgte Nachschub und da sie so fleißig aßen, holte er gleich nochmal eine Portion, bis die kleinen Füchse satt waren. Alle leckten sich mit ihren roten Zungen die Mäuler. „Du, Onkel", sagte Spitznase, „warum bist denn du so dick?" „Dick?", fragte Biber Berti, „ich bin doch nicht dick." „Doch, du bist viel dicker als unsere Mama", sagte Rotfell, „viel runder irgendwie. Kein Wunder, dass du nur so langsam wackeln kannst."

Biber Berti wurde sauer, erst hatte er die kleinen Racker gefüttert und jetzt wurden sie auch noch frech. „Also hört mal, ihr Frechdachse, ich bin nicht dick und euer Onkel bin ich auch nicht. Mein Name ist Berti, ich bin ein Biber, alle Biber sehen ein bisschen rund aus, aber deshalb bin ich noch lange nicht dick. Außerdem bin ich eher für`s Wasser geschaffen und darin bewege ich mich zehnmal schneller als ihr, damit ihr es wisst." „Ach so", sagten die Kleinen überrascht. „Das wussten wir nicht, wir haben noch nie zuvor einen Biber gesehen." „Na, dann wisst ihr es wenigstens jetzt", sagte Biber Berti, der schon nicht mehr ganz so beleidigt war. „Kannst du denn auch so richtig gut tauchen?", fragte Samtpfote. „Und ob", antwortete Berti. „Sogar bis zu 20 Minuten am Stück." Obwohl die kleinen Füchse nicht ganz genau wussten, wie lange 20 Minuten waren, waren sie doch sehr beeindruckt. „Wenn ich groß bin, dann will ich auch Biber werden", sagte Samtpfote, dabei sah sie Berti voller Bewunderung an.

Bertis Ärger war nun ganz verflogen, nichts als Zuneigung empfand er jetzt zu seinen neuen Freunden. „Ich würde gerne noch ein bisschen hier bleiben", sagte er zu ihnen, „aber ich muss nun gehen." „Wohin musst du nun gehen?", fragten sie. „Nach Hause, in meine Burg." „Wie sieht sie denn aus, deine Burg?", wollten sie wissen." „Fast so, wie der Überbau eurer Höhle", sagte Berti, „nur liegt sie im Wasser." „Im Wasser?!", fragten sie entsetzt, „dann ist es ja immer nass bei dir zu Hause." „Nein, Nein", sagte Berti, „meine Burg ist innen ganz trocken, nass wird nur, wer hereinkommen möchte. Aber außer mir kennt niemand den Eingang, der ist ganz geheim." „Werden wir dich denn wieder sehen, Biber Berti?", fragten sie ihn. „Natürlich werdet ihr mich wieder sehen, meine kleinen Freunde. Sobald ich kann, komme ich wieder vorbei."

Wie so oft, baute Berti am späteren Tag noch an seiner Burg, damit sie auch wirklich allen Wettereinflüssen, die der nahe Winter bringen könnte, gewachsen sein würde und er immer eine trockene, sichere Behausung hatte. Als Biber Berti noch klein war, erzählten ihm seine Eltern, wie wichtig das ist. Schon recht früh nahm Bertis Mama Berti mit, wenn sie Material für den Bau sammelte, damit er alles genau lernte. An einem langen Winterabend erzählte Mama Biber ihrem Berti einmal die Geschichte von der großen Flut. Es war einmal im Herbst, so erzählte es Mama Biber, als es für viele Tage stürmte und regnete, so, als ob es überhaupt nicht wieder aufhören wollte. Die ersten drei Tage hielt der Bau, den Bertis Eltern gebaut hatten, stand, dann jedoch, am vierten Tag, als die Wassermassen noch immer anstiegen, brach plötzlich der Damm und große Teile des Baus wurden weggespült. Das Wohnzimmer, die Schlafzimmer und sogar die gute Stube wurden den Fluss hinunter gespült. Diese Erfahrung sollte Berti niemals machen müssen, deshalb legte Mama Biber den größten Wert darauf, Berti zu warnen und ihm beizubringen, wie er alles richtig machen konnte. Berti dachte bei den Bauarbeiten über diese Geschichte nach, dabei fiel ihm auf, was für ein warmes, wehmütiges Gefühl er hatte, als er an seine Mama dachte. Bertis Mama war die Beste der Welt, davon war er überzeugt und er hatte ihr viel zu verdanken, weil sie ihm gemeinsam mit Papa Biber alles Wichtige fürs Leben beibrachte. Besonders gut konnte sich Berti an Mamas Wärme erinnern, die er besonders an kalten Winterabenden zu schätzen wusste. Denn wenn es draußen bitter kalt war, durfte sich Berti immer ganz nah an sie kuscheln. So nah, dass er Mamas Herzschlag hören konnte. Mama sang ihm dann sanfte Lieder ins Ohr oder putzte ihm mit ihrer Zunge das Fell, was sich besonders gut anfühlte. Berti hatte sich nie in seinem Leben wohler gefühlt, wie in diesen Momenten. Jetzt lebte Mama Biber weit entfernt im Risskanal, einem Altwasser der Donau, dort ist Berti aufgewachsen. Doch als er groß wurde, musste er irgendwann eine eigene Bleibe finden. Mama schickte ihn mit tausend Küssen auf den Weg und weinte sehr, als sie Berti verabschieden musste. Papa gab Berti noch ein paar gute Ratschläge mit auf den Weg und sagte ihm, wie stolz er auf seinen großen Biberjungen sei, dann machte sich Berti auf die Reise. Berti wollte so nah wie möglich bei Mama und Papa bleiben, aber dies war gar nicht so einfach, denn er musste ein Revier finden, das noch keinem anderen Biber gehörte. Berti war ein stolzer Nachfahre einer Biberfamilie, die seit jeher die Riss besiedelte, diese gute alte Tradition wollte er fortsetzen. Auf seiner Reise erlebte er viele Abenteuer und oft glaubte er, sich niederlassen zu können, doch war immer irgendetwas im Weg. Einmal wollte er sich zum Beispiel in Risstissen niederlassen, dort gab es ein wunderschönes Naturschutzgebiet, in dem er ganz ungestört gewesen wäre, wenn da nicht schon ein anderer Biber vor Ort gewesen wäre, sodass Berti weiterziehen musste. Schließlich landete er in Biberach, dort gab es noch keinen anderen Biber, der ihm das Revier streitig machen wollte, und er hatte auch überhaupt keine Lust mehr, weiter zu ziehen.

Wie Berti so über all dies nachdachte, kam ihm in den Sinn, wie sehr die drei kleinen Füchse ihre Mama vermissen mussten und er nahm sich fest vor, sie am anderen Tag wieder zu besuchen.

Am nächsten Tag stand Berti ganz besonders früh auf, die ganze Nacht hatte er abwechslungsweise von seiner Mama und den kleinen Füchsen geträumt, die jetzt vielleicht noch immer in ihrem Bau alleine waren. Berti hoffte aber, dass die Füchsin inzwischen wieder aufgetaucht war und ihre Jungen längst mit frischen Mäusen versorgt hatte. Mit einem mulmigen Gefühl im Bauch verließ er seinen Bau. Er nahm ein ganz schnelles Frühstück aus Schilf zu sich und machte sich gleich auf den Weg zur Streuobstwiese, da, wo er den Fuchsbau mit den Jungen gestern gefunden hatte. Dort angekommen, wackelte er so schnell, wie es ihm als Biber möglich war, in Richtung Fuchsbau. Schon ein paar Meter vor dem Bau hörte er die Kleinen heulen. Berti hörte das überhaupt nicht gerne, denn er konnte sich denken, was die Ursache für dieses Geheule war. Am Bau angekommen steckte Berti seinen Kopf in die Öffnung. „Guten Morgen meine Lieben, warum heult ihr denn?" „Mama ist noch immer nicht daaaaaaaaaaaaaaaaaaaaaaa!", weinte Samtpfote laut. Rotfell ließ seinen Kopf ganz tief hängen und Spitznase seine Ohren. „Sie ist schon seit zwei Tagen nicht mehr aufgetaucht", sagte Spitznase, „wir vermissen sie schrecklich und haben Angst, ihr könnte etwas passiert sein." „Glaubst du denn, unsere Mama kommt wieder?", fragte Rotfell. Berti dachte erst einen Augenblick nach, bevor er antwortete, er wusste nicht was er sagen sollte. „Als ich noch klein war", begann Berti, „da hat meine Mama immer auf mich aufgepasst und später habe ich dann selber auf mich aufgepasst. Natürlich konnte meine Mama nicht nur auf mich, sondern auch auf sich selbst ganz gut aufpassen und ich glaube, das kann eure Mama auch." „Glaubst du das denn wirklich?", fragte Samtpfote. „Das glaube ich wirklich", sagte Berti. „Meinst du denn nicht, sie ist in Schwierigkeiten?", fragte Samtpfote wieder. „Das könnte schon sein", sagte Berti, „aber auch in Schwierigkeiten wird sie wohl nicht völlig hilflos sein." „Kannst du denn nicht nach ihr suchen?", wollte Spitznase wissen. „Suchen?", jetzt bekam Berti fast Schweißausbrüche, wo sollte er denn nur nach ihr suchen und wie? Er war doch gar nicht gewöhnt, weite Strecken an Land zurückzulegen, außerdem konnte die Füchsin praktisch überall sein. Mit weit aufgerissenen, erwartungsvollen Augen starrten ihn die Kleinen an. Berti war es fast, als ob ihn die kleinen Füchse mit ihren Blicken durchbohrten, und als Samtpfote erneut dicke Tränen aus den Augen quollen, konnte Berti schließlich nicht mehr anders. „Na gut, sagte er, ich werde nach eurer Mama suchen. Müsst ihr denn vorher noch etwas zu essen haben?" Die drei nickten eifrig mit den Köpfen, sodass Berti sich sofort auf den Weg machte, um Futter zu suchen. Als er sich umwandte und ein Stückchen über die Wiese ging, sah er gerade, wie Herr und Frau Ente auf dem Fluss an ihm vorbei schwammen. „Herr und Frau Ente, Herr und Frau Ente!", rief er laut. Frau Ente sah sich verwundert um, während Herr Ente ungerührt weiter schwamm. „Guten Morgen, Frau

Ente!", rief Berti und gab sich Mühe, schnell näher zu kommen. „Guten Morgen, Biber Berti, wo kommen Sie denn her?" Berti erzählte ihr die ganze Geschichte, worauf Frau Ente ganz betroffen aussah. Herr Ente war inzwischen auch herangeschwommen, er hatte Biber Bertis rufen gar nicht gehört, merkte aber auf einmal, dass seine Frau nicht mehr da war. Aufmerksam hatte er zugehört. „Na, das ist eine tragische Geschichte", meinte er. „Traurig, traurig", sagte Frau Ente. „Da kann man nur hoffen, dass die Mutter der Kleinen bald wieder kommt." „Dann aber besser, wenn wir nicht gerade in der Nähe sind, meine Liebe", meinte Herr Ente sehr ernst. „Sie würde sonst versuchen, dich oder mich aufzufressen, das weißt du ja." „Du hast ja Recht, mein Guter", sagte Frau Ente, deswegen können mir die Kleinen trotzdem leidtun."

„Meinen Sie denn, Sie könnten mir wenigstens ein wenig bei der Futtersuche behilflich sein?", fragte Berti kleinlaut. „Ich fresse schließlich keine Würmer wie Sie und eine gute Portion Würmer wäre immer noch besser als schon wieder nur Obst", meinte Berti. „Nun gut, nun gut", sagte Herr Ente gewichtig. „Dann sammelst du mal die Würmer, Schätzchen, und ich versuche, ein paar kleine Fische zu kriegen."

„Einverstanden", sagte Frau Ente und machte sich sogleich an die Arbeit. Nach etwa einer halben Stunde hatte Herr Ente eine ordentliche Portion Fischchen gefangen und Frau Ente einen ganzen Haufen Würmer. Dies alles brachte Biber Berti zusammen mit etwas Obst zu dem Fuchsbau, die Kleinen sollten ja auch ein paar Vitamine haben, damit sie gesund blieben. Mit großem Hunger verspeisten die drei ihre Mahlzeit. Dank der Hilfe von Herr und Frau Ente hatten alle so viel zu essen, um satt zu werden. Im Namen der kleinen Füchse bedankte sich Biber Berti herzlich bei Herrn und Frau Ente, die sich sehr über den Dank freuten. Beim Abschied versprachen sie, bei Berti an seiner Burg vorbei zu kommen, falls sie etwas von der Füchsin sehen sollten, dann schwammen sie weiter und Berti machte sich auf den Weg. Berti schwamm die Riss hinauf, bis in den Nachbarort Rissegg, doch nirgends sah oder hörte er etwas von der Füchsin. Danach schwamm Berti die Riss hinab, bis in den Nachbarort Warthausen. Dabei musste er durch ganz Biberach, was er eigentlich überhaupt nicht mochte, weil in der Stadt immer Menschen am Fluss auftauchen konnten und denen traute Berti noch nie so richtig über den Weg. Das Heulen der kleinen Füchse war ihm aber so tief ins Herz gedrungen, dass er sogar dieses Hindernis auf sich nahm, nur leider ohne Erfolg. Ganz umsonst war er die Riss auf und ab geschwommen, ohne etwas in Erfahrung bringen zu können. Traurig, müde und hungrig kam er am Abend an seiner Burg an. Am liebsten hätte er gar nichts mehr gegessen, so sehr sorgte er sich um die kleinen Füchse, die nun alleine und unbeschützt in ihrem Bau saßen. Der Hunger plagte ihn aber so sehr, dass er lustlos ein paar Ästchen verspeiste, dann tauchte er ab, um in seinem Bau zu verschwinden. Anders wie sonst fand Berti keine Ruhe in seinem Bau. Er konnte einfach nicht einschlafen, egal wie sehr er es versuchte. Ruhelos wälzte er sich von einer Seite auf die andere. So ging es fast die ganze Nacht, bis Berti in den frühen Morgenstunden in einen kurzen, unruhigen Schlaf fiel. Als er schlief, wurde er von schweren Alpträumen geplagt, die ihn in Angst und Schrecken versetzten, bis er am nächsten Morgen mürrisch und unausgeschlafen aufwachte. Nach einem kurzen, kargen Frühstück machte sich Berti wieder auf den Weg zu den kleinen Füchsen. Ihm war schon Angst und Bange, wie er sie wohl vorfinden würde. Doch selbst seine schlimmsten Befürchtungen wurden noch übertroffen.

Samtpfote war so traurig, dass sie überhaupt nichts mehr essen wollte und auch Rotfell und Spitznase heulten laut und waren untröstlich. Traurig machte sich Berti erneut auf die Suche. Er suchte jeden Winkel ab, der ihm in den Sinn kam, fragte jeden, den er auf dem Weg antraf, ja kein einziges Mal machte er Pause, um die Mutter der kleinen Füchse zu finden, aber alles umsonst. In tiefes Grübeln versunken saß er am Flussufer, völlig ratlos. „Was soll ich nur tun?", murmelte er. „Alles, was ich versucht habe, ging schief, jetzt bin ich genau so weit wie vorher. Wie soll ich so den kleinen Füchsen unter die Augen treten?" Mutlos schaute er vor sich hin, nicht wissend, was er nun tun sollte. Wie er dort so am Ufer saß und nachdachte, kam ihm plötzlich wieder das Erlebnis am Seeufer in den Sinn, an dem er den Mann im langen, schwarzen Umhang mit weißem Stehkragen sah und Maik, der seine Geschichte vom Unfall erzählte. Maik sagte damals, seine Tante hätte für ihn gebetet und dass Jesus ihn dann gesund gemacht hätte. Lange dachte Biber Berti über die Geschichte nach, ohne zu wissen, was er tun sollte. Berti selbst hatte noch nie gebetet, hatte aber gehört, wie der Mann im schwarzen Umhang, den die Leute Herr Pastor nannten, betete.

Und da ihm sonst nichts mehr einfiel, entschloss er sich schließlich, auch zu beten, man konnte ja nie wissen, ob es nicht doch helfen würde. Ernsthaft faltete Berti seine Biberpfoten, genauso, wie es der Pastor gemacht hatte und sagte: „Lieber Gott, ich weiß nicht so genau, wie ich mit dir reden soll, und bin mir auch gar nicht ganz sicher, ob du mich hören kannst. Aber ich bitte dich mir zu helfen, die Mutter der drei kleinen Füchse zu finden, damit sie nicht allein und elendlich in ihrem Bau verhungern müssen. Dies bitte ich dich im Namen deines Sohnes Jesus, der auch Maik geholfen haben soll. Danke Gott, Amen."

Müde und traurig stattete Berti den kleinen Füchsen noch einen Besuch ab, um sie zu trösten, bevor er sich wieder auf den Heimweg machte. Nach dem er ihnen vergeblich Trost zugesprochen hatte, war ihm das Herz so schwer wie Blei und es war ihm, als müsste er mit seinem schweren Herzen bis auf den Grund des Flusses sinken. Der Weg kam ihm heute auch viel anstrengender vor als normalerweise und der Schatten der Bäume in der sinkenden Abendsonne legte sich düster auf sein Gemüt. Langsam kam Berti um die letzte Biegung des Flusses geschwommen, die zu seiner Burg führte. Seine Burg hatte das Wasser hoch angestaut, sodass sich hinter seiner Burg ein weites Becken breit machte, welches über das ehemalige Flussufer hinweggetreten war. Gerade, als er untertauchen und in seine Burg verschwinden wollte, sah er Herr und Frau Ente im Becken herumschwimmen. Langsam näherte sich Biber Berti den beiden an, ohne einen Ton zu sagen. Frau Ente hatte ihn wieder als Erste entdeckt, da sie ein besonders gutes Gehör hatte. „Guten Abend Berti, gibt es schon etwas Neues von der Fuchsmutter?" „Nein, leider nicht. Obwohl ich den Fluss weit auf und abgeschwommen bin und sogar Biberach durchqueren musste, immer in der Angst, auf Menschen zu stoßen, konnte ich nichts Besonderes sehen oder in Erfahrung bringen. Jetzt bin ich mutlos und müde." Mitleidig sah ihn Frau Ente an, dann sagte sie: „Mein Mann und ich haben vielleicht etwas gefunden. Wir machten heute einen Ausflug nach Degernau an der Riss. Wir sind ja beide nicht mehr ganz so fit wie früher, daher kann uns ein bisschen Bewegung nicht schaden. Als wir dort an einer alten Scheune vorbeikamen, hörten wir sehr komische Geräusche. Mein Mann dachte natürlich wieder, ich hätte es mir nur eingebildet, da mein Gehör aber besser ist als seines, sollte ich Recht behalten.

Jammernde Geräusche kamen aus der Scheune, die nur von einem Hund oder Fuchs kommen konnten, da bin ich mir sicher. Natürlich haben wir uns nicht aus dem Wasser gewagt, als Enten wären wir das gefundene Fressen für einen Fuchs oder einen Hund, daher gingen wir auf Nummer sicher. Wir sind trotzdem eine Weile an der Stelle geblieben, von der aus die Geräusche kamen, damit wir uns wegen der Geräusche wirklich sicher sein konnten. Erst dann sind wir weggeschwommen. Nun sind wir hier, um es dir zu sagen, so wie wir es versprochen haben. Eine Ente, die etwas auf sich hält, steht natürlich zu ihrem Versprechen." Aufmerksam hörte Berti zu und schaute Frau Ente dabei aufmerksam an, ohne auch nur ein einziges Mal von ihr wegzuschauen, dann sagte er: "Frau Ente, Frau Ente, Sie sind eine sehr ehrenwerte Frau und Ihr Mann ist ein sehr anständiger Mann. Haben Sie ganz herzlichen Dank für Ihre Hilfe, vielleicht werden es Ihnen die Füchsin und ihre Jungen noch einmal danken. Ich jedenfalls bedanke mich jetzt schon für Ihre Freundlichkeit und Zuverlässigkeit, die man heutzutage leider nicht mehr oft antrifft." Dann ließ sich Berti noch den genauen Weg beschreiben, bevor er sich in großer Eile aufmachte, die

Scheune im mehrere Kilometer entfernten Degernau aufzusuchen.

Biber Berti und der schwarze Hund

So schnell er nur konnte, schwamm Berti gegen den Strom in Richtung Degernau. Dabei musste er zuerst an dem kleinen Örtchen Rissegg vorbei, dann ins einige Kilometer entfernte Appendorf und von dort aus nach Dergernau, das nur aus ein paar wenigen Häusern und Bauernhöfen bestand. An vielen schönen Wiesen und Feldern vorbei, mitten im wunderschönen Herzen von Oberschwaben, war Berti unterwegs. Doch er hatte keine Zeit, sich umzuschauen oder die ruhige, abgelegene Landschaft zu genießen. Viel zu eilig hatte er es, damit er nicht eine Minute verschwendete. Als er endlich in Degernau ankam, ging schon die Sonne unter. Von nun an musste er langsamer schwimmen, damit ihm nichts entging. Angestrengt lauschte er in die Stille hinein, aber es war nichts zu hören. Unruhig schwamm er weiter, rechts von ihm lagen große alte Gehöfte. Berti musste sofort daran denken, dass sie sicherlich von einem großen starken Hund bewacht werden würden, ihm war mulmig zumute. Gleich tauchte wieder das Bild des großen grauen Hundes vor seinen

Augen auf, der ihn einst am Seeufer aufgespürt hatte.

Obwohl er Angst hatte, ließ er sich nicht einschüchtern, sondern schwamm tapfer weiter gegen den Strom. Da sah er plötzlich eine große alte Holzscheune mitten auf einer Wiese stehen, nur etwa 100 Meter vom Örtchen Degernau entfernt. Berti nahm sich vor, die Scheune etwas genauer unter die Lupe zu nehmen und wagte sich zum ersten Mal aus dem Wasser. Sein Herz pochte laut und wild, als er aus dem Wasser stieg. Sein ganzer Körper zitterte. Ob er wohl in Sicherheit war?

Diese Frage wollte er sich lieber nicht beantworten. Schon hörte er das laute Gekläff eines Hundes von einem etwas weiter entfernten Hof. Am liebsten wäre Berti sofort zurück ins Wasser gesprungen, um auf und davon zu schwimmen. Da aber noch immer das Heulen der kleinen Füchse in seinen Ohren klang, entschied er sich, dies lieber nicht zu tun. Tapfer wackelte er in Richtung Scheune weiter und schnüffelte vorsichtig am Rand herum. „Hallo, ist hier jemand?", rief Berti leise. „Ist hier jemand?", wiederholte er noch einmal. Kein Laut war zu hören, niemand antwortete ihm. Berti sank das Herz. Wenn die Mutter der kleinen Füchse nicht hier war, wo um alles in der Welt sollte er dann suchen? Inzwischen war es schon fast dunkel geworden, entmutigt wackelte Berti weiter am Rand der Scheune entlang, als er plötzlich entdeckte, dass ein Stück Holz von einem Brett abgerissen war, sodass man von dort aus in die Scheune hineinspähen konnte. Berti näherte sich dem offenen Spalt, er starrte angespannt ins Dunkel der Scheune, konnte aber nichts entdecken. Sein Blick schweifte an hoch aufgestapelten Strohballen vorbei, vor denen ein alter Ladewagen stand. In der Mitte der Scheune führte eine alte Holzleiter auf den Scheunenbo-

den. Unter dem Scheunenboden, in der Rechten hinteren Ecke, stand ein alter Hasenstall, jedoch ohne Hasen, er war leer und neben dem Hasenstall sah Berti etwas, das er nicht so richtig erkennen konnte. Angestrengt starrte Berti auf immer denselben Fleck, bis er bemerkte, dass sich das Etwas zu bewegen anfing. „Wer ist denn da?", rief Berti halblaut, niemand antwortete. „Sind Sie etwa die Mutter der drei kleinen Füchse?", fragte er. „Wer sind Sie?", kam es sofort zurück. „Woher wissen Sie von meinen Kindern?" Biber Bertis Herz fing an, noch schneller zu rasen, er kam sogar richtig außer Atem, als er antwortete: „Mein Name ist Berti, ich bin ein Biber aus Biberach und habe hier nach Ihnen gesucht, weil Ihre Kinder Sie vermissen und fürchterliche Angst haben, Ihnen könnte etwas zugestoßen sein." Langsam kam der Schatten näher, bis die Füchsin direkt vor Berti stand, nur die Holzlatten der Scheune trennten sie voneinander. Durch den Spalt unterhielten sie sich eine Weile, Berti erzählte der Füchsin, wie er ihre Kinder gefunden hatte und die Füchsin erzählte ihm, wie sie vom Duft des Hasenstalles angelockt in die Scheune kam und dann ausversehen hier eingesperrt wurde. Seit dem saß sie hier fest. Zwar konnte sie sich gut von den

Mäusen ernähren, von denen es unter dem Stroh reichlich viele gab, aber die Angst um ihre Kinder hätte sie beinahe umgebracht. Am Ende des Gespräches fragte sie Berti: „Aber wie wollen Sie mir denn jetzt helfen, wollen Sie etwa das Tor für mich öffnen? Das schaffen Sie doch niemals, der Bauer hat alles gut verriegelt, da ist nicht viel zu machen." „Nichts leichter als das, sagte Berti, nicht ganz ohne Stolz. In wenigen Minuten werde ich Sie hier herausgeholt haben." Augenblicklich fing Berti an, mit seinen langen gelben Schneidezähnen an dem beschädigten Brett zu nagen. Wie eine Säge arbeitete er sich etwa dreißig Zentimeter über dem Boden von links nach rechts durch das Brett. Dann durch das Nächste und dann durch das Nächste. Schnell war eine Lücke entstanden, die groß genug für die Füchsin war, um bequem hindurchschlüpfen zu können. Geschmeidig ließ sie sich durch die Öffnung gleiten und stand neben Berti im Freien auf der Wiese. Erneut war das wütende Gekläff eines Hundes zu hören, das Berti und der Füchsin durch Mark und Bein ging. „Schnell", sagte Berti, „wir dürfen hier keine Zeit verlieren, es könnte sonst gefährlich für uns beide werden. Ihre Jungen warten auch schon viel zu lange auf Sie und sollen diese Nacht nicht wieder alleine verbringen müssen." "Wie kann ich Ihnen danken, Biber", fragte die Füchsin. "Ohne Sie wäre ich vielleicht nie wieder hier heraus gekommen oder meine Kinder wären längst alle tot, bis ich zurückgekehrt wäre. O, was wäre das für ein Schmerz für mich gewesen!" "Sie müssen sich nicht bedanken", gab Berti zurück, "das habe ich gerne für Sie und Ihre entzückenden Kinder getan. Aber wenn Sie mir einen Gefallen tun wollen, passen Sie auf dem Heimweg gut auf sich auf. Meiden Sie alle Straßen und Wege und versuchen Sie, auf den Feldern und Wiesen zu bleiben, dort ist es für uns Wildtiere sicherer. Auf gar keinen Fall dürfen Sie vergessen, Ihre Kinder von mir zu grüßen, die mir schon richtig ans Herz gewachsen sind." "Danke lieber Biber, das werde ich Ihnen sicher nie vergessen. Vielleicht werde ich einmal die Gelegenheit haben, es wieder gut zu machen, bis dahin haben sie herzlichen Dank." Nach diesen Worten machte sie sich mit schnellen Sprüngen davon in die Dunkelheit. Berti wackelte in großer Erleichterung über die Wiese zum Fluss und schwamm nach Hause. Selten hatte er sich so wohl in seiner Burg gefühlt. Die paar einfachen Ästchen, die er zum Abendessen knabberte, schienen ihm das herrlichste Festessen zu sein. Behaglich kuschelte er sich in das trockene Laub seiner Burg, die ihm im Augenblick der schönste Ort auf Erden zu sein schien. Wie schön es sich doch anfühlte, etwas Gutes getan zu haben und was für ein Glück, ein Glücksbringer sein zu dürfen! Mit diesen Gedanken und der Erkenntnis darüber schlief Berti ruhig ein.

Ärger aus heiterem Himmel

Berti schlief so tief und fest, dass er erst spät am anderen Morgen wieder aufwachte. So tief und fest wie er geschlafen hatte, wusste er zunächst überhaupt nicht mehr, wo er eigentlich war. Verwundert sah er sich in seiner dunklen Burg um, bis er endlich zu sich kam. Berti fühlte sich wunderbar erholt, mit einem langen aaaaaaaaaaaaaaaaaaaahhhhhhhhhhhhhhhh hhhhhhhhhhh, streckte er sich in alle Richtungen aus, bevor er seinen Bau verließ. Helle, goldene Sonnenstrahlen kamen Berti entgegen, als er aus dem kalten Wasser an die Oberfläche auftauchte. Dafür, dass es nun schon Oktober geworden war, herrschte heute wunderbares Wetter. Kein Nebel weit und breit, kaum ein Wölkchen am Himmel und wunderbarer Sonnenschein, dem die Vögel begeistert ein Liedchen trällerten. Es war gerade so, als ob der Himmel Berti danken wollte für seine gute Tat, die er gestern tapfer und selbstlos vollbracht hatte. Selten hatte sich Berti einmal besser gefühlt. Vor lauter Freude über sich selbst war er voller Tatendrang. Wie sollte er am besten in den Tag starten? Die Frage war schnell beantwortet. Natürlich wollte Berti zuerst nach seinen Freunden schauen, die nun sicherlich glücklich mit Mama Fuchs in ihrem Bau saßen. Allein der Gedanke, die vier nun endlich zum ersten Mal glücklich vereint zu sehen, ließ sein Herz vor Freude hüpfen. Begeistert von seiner Idee machte sich Biber Berti auf den Weg. Er war allerdings noch nicht weit gekommen, als ihm schon Herr und Frau Ente begegneten. Zielgerichtet kamen sie auf ihn zu geschwommen. „Guten Morgen, Biber Berti", sagten die beiden wie aus einem Mund. „Guten Morgen, Herr und Frau Ente". „Nun lassen Sie uns doch bitte gleich wissen", sagte Frau Ente, „wie es Ihnen gestern Abend noch ergangen ist, mein Mann und ich mussten immerzu an Sie denken und hofften sehr, Sie würden erfolgreich sein und wohlbehalten wieder zurückkehren. Was für eine Erleichterung, Sie gesund und munter hier zu sehen." Berti fing sofort an, die ganze lange Geschichte zu erzählen, wie er an Rissegg vorbei in

Richtung Degernau geschwommen war, wie er mächtig Angst wegen der bellenden Hunde hatte und von der Scheune, aus der kein Laut zu ihm zurückkam, als er nach der Füchsin gerufen hatte. Er erzählte von seiner Rettungsaktion, durch die er die Füchsin aus der Scheune geholt hatte und von ihrem Zwiegespräch, das er mit der Füchsin führte. Dabei war Berti natürlich mächtig stolz auf sich, weil er überhaupt nichts für seine Rettung von Mama Fuchs verlangt hatte, da er nur an ihre Kinder gedacht hatte. Groß war die Überraschung bei Berti, als er plötzlich bemerkte, wie vorwurfsvoll Frau Ente ihn ansah. „Und das war alles?!", wollte sie nun aufgeregt wissen. „Was meinen Sie damit?", fragte Berti verunsichert. „Von uns haben sie ihr nichts erzählt?", fragte sie nun in immer lauter werdendem, vorwurfsvollem Ton. Dabei funkelte sie Berti wild aus ihren dunklen Augen an und wackelte bedrohlich mit ihrem Schwänzchen. Ach du liebe Zeit, dachte sich Berti, was hab ich denn jetzt gemacht? Doch bevor er zu Ende denken konnte, schimpfte Frau Ente empört weiter.

„Das hat man nun davon Herr Biber, wenn man Ihnen zur Hilfe kommt. Sie lassen uns einen wichtigen Teil der Arbeit tun und denken dabei nur an sich. Haben Sie denn schon einmal daran gedacht, wie gefährlich das alles für uns war und welche Gefahr für uns noch immer von der Füchsin ausgeht? Wir wollten Sie ja nicht damit belasten, aber eben dieses Frühjahr wäre es ihretwegen meinem Mann fast an den Kragen gegangen. Sie hat ihn nämlich auf der Wiese gejagt. Einfach so kam sie aus dem Hinterhalt auf ihn zugerast und hätte mich beinahe zur Witwe gemacht. Mit knapper Not konnte er entrinnen, indem er sich mit verzweifelten Flügelschlägen hoch in die Luft empor hob. Nicht viel hätte gefehlt und er wäre nicht mehr rechtzeitig vom Boden hoch gekommen. Trotzdem haben wir sogar noch ihre Brut gefüttert und nach ihr gesucht. Hätten Sie nicht wenigstens ein gutes Wort für uns einlegen können und ihr gegenüber erwähnen können, wie sehr wir zu ihrer Befreiung beigetragen haben? Vielleicht hätten wir uns so in Zukunft vor ihr in Sicherheit bringen können, aber Sie haben ja nur an sich gedacht!" „Genau so ist das Liebling, er hat nur an sich gedacht!", schallte es aus Herrn Entes Mund hinterher. Biber Berti holte tief Luft, doch noch bevor er etwas sagen konnte, schwammen die beiden auf und davon.

Berti blieb alleine im Wasser zurück. Erschrocken und verwirrt starrte er vor sich hin. Wie in einem Film lief die ganze Szene noch einmal vor ihm ab und Frau Entes aufgebrachte Stimme hallte laut in seinen Ohren nach. Was für eine Enttäuschung. Gerade noch hatte sich Berti so glücklich gefühlt, fast wie ein echter Held, und nun so etwas. Berti fühlte sich so durchgeschüttelt wie eine Weide nach einem heftigen Gewittersturm. Entsetzt und schockiert dachte er über alles nach, was Frau Ente gesagt hatte. Berti fing nun fast an, sich zu schämen, weil er gestern Abend ganz vergessen hatte, Herrn und Frau Ente der Füchsin gegenüber zu erwähnen. Dabei tröstete er sich mit der Tatsache, dass er ja gar nicht gewusst hatte, was zwischen dem Entenpaar und der Füchsin vorgefallen war. Als Berti so über alles nachdachte, musste er doch sehr staunen, wie Herr und Frau Ente überhaupt dazu zu bewegen waren, den kleinen Füchsen und ihrer Mama zu helfen. Immer größer wurde die Achtung in Bertis Herzen für seine gefiederten Freunde und er nahm sich fest vor, der Füchsin ausführlich von den beiden zu erzählen.

Erneut machte er sich auf den Weg zum Fuchsbau. An der Streuobstwiese angelangt, nahm er sich kaum Zeit für ein Frühstück. Nur einen Jakob Fischer und eine Maispflanze samt Stängel und Kolben versuchte er, so schnell wie möglich runter zu schlingen, gerade so viel, um den größten Hunger zu stillen. Dann wackelte er schnurstracks auf den Fuchsbau zu. In großer Erwartung platzierte er sich vor dem Bau und steckte den Kopf in die Öffnung hinein. Aber was war das, die Füchse waren nicht da, kein einziger von ihnen und es war auch weit und breit nichts von ihnen zu sehen. Dies war die zweite große Enttäuschung für Berti am heutigen Tag. So schön hatte er sich ausgemalt, wie die Füchse alle zusammen glücklich und zufrieden in ihrem Bau saßen, doch nun war niemand von ihnen da. Aufgeregt schaute Berti noch einmal hin und her, aber er konnte niemanden sehen. Ein dicker Klos saß Berti nun plötzlich im Hals. Was hatte er doch alles auf sich genommen, nur um die Probleme anderer zu lösen und nun auch noch das. Eine Weile saß Berti still da und dachte nach. Was hätte seine eigene Mama nun wohl dazu gesagt?

Berti holte einmal tief Luft, er wusste sehr gut, was seine Mama gemacht hatte. „Was ich nicht ändern kann, nehm ich geduldig an", pflegte sie in Situationen wie diesen zu sagen und diesem Beispiel entschloss sich Berti nun zu folgen. Schließlich hatte er alles getan, was ein Biber tun konnte, nun lag es wirklich nicht mehr an ihm. Berti entschloss, sich nun keine Sorgen mehr zu machen. Er wackelte zurück auf die Streuobstwiese und ließ es sich dort so richtig schmecken. Äpfel und Birnen, Pflaumen und Mirabellen, Maisstängel- und Kolben, alles aß er in großen Mengen, so viel, wie ein Biber nur irgendwie essen konnte. Dabei ließ er sich von allen Seiten die Sonne auf den Pelz scheinen und als er fertig war, legte er sich in Ufernähe in das Schilf, das nun um diese Tageszeit lichtdurchflutet war. Angenehme Wärme streichelte seinen Pelz und vom Gesang der Vögel und dem Gemurmel des Flüsschens ließ er seine Gedanken weit weg in die Ferne tragen und träumte in den Tag hinein.

Während Berti so dalag, hüpften die letzten Buchfinken, Rotkelchen und Schwalben, die noch nicht in den Süden geflogen waren, in den Wipfeln der Bäume herum. Doch ihr Tag sollte bald kommen, denn ohne die Reise in den Süden würden sie den Winter nicht überleben, sie müssten verhungern. Anders als Berti konnten sie sich keine Vorräte für den Winter anlegen, sondern sie müssten in der Kälte frieren und irgendwann dem sicheren Tod ins Auge blicken. Berti wusste, dass viele Vögel im Winter verreisen, aber er wusste nicht genau, wohin. Schon oft hatte er sich darüber Gedanken gemacht, wohin genau sie fliegen, warum sie überhaupt wegzogen und weshalb sie im Frühjahr wieder kamen, aber all diese Geheimnisse blieben Berti verschlossen. Heute wollte er wenigstens in seinen Tagträumen mit ihnen reisen und er stellte sich vor, wie es sein müsste, weit über den Bäumen hinweg zu fliegen und auf alles herunterzublicken, was unter ihm auf der Erde war.

Hoch am Himmel flog Berti gerade, als ihn lautes Gekläff jäh aus seinen Träumen riss. Erschrocken fuhr er hoch. Noch bevor er sich überhaupt umsah, stürzte er sich ins Wasser, um sich in Sicherheit zu bringen. „Onkel Berti, Onkel Berti!", schallte es laut hinter ihm her. Berti sah sich verwundert um und erkannte Samtpfote. Mit lieblichen, sanften Blicken schaute sie ihn an, dabei kam sie so nah ans Ufer des Flusses wie es ihr möglich war. Mit neugierigen Blicken kamen Langnase und Rotfell hinter ihr her gestürzt. „Da ist Onkel Berti!" „Onkel Berti, schön dich zu sehen!", riefen die beiden voll ehrlicher Freude. Berti hatte sich schnell wieder von seinem Schrecken erholt und schwamm rasch zum Ufer zurück, den drei Kleinen entgegen. Das war eine Begrüßung! Die drei kleinen Füchse hüpften vor Freude, jeder wollte Berti zuerst über das Fell lecken. Dabei waren sie so stürmisch, dass sie übereinander fielen und sich beinahe stritten, weil es keiner erwarten konnte, ihn zu begrüßen. Berti war ringsum von kleinen aufgeregten Füchsen umgeben, die wild mit dem Schwanz wedelten. Dabei zersprang ihm vor lauter Freude fast das Herz, so glücklich war er über das plötzliche unerwartete Wiedersehen. „Meine Kleinen, nicht so hastig", stieß Berti immer wieder hervor, aber die drei Kleinen wollten sich nicht beruhigen und purzelten abwechselnd einmal über Berti und dann wieder übereinander. Ein sehr lustiger Anblick war das. Erst nach einer ganzen Weile wollten sie sich beruhigen und ließen von Berti ab. Berti erhob seinen Blick, dabei entdeckte er die Füchsin, die nicht weit von ihnen entfernt alles beobachtete. Mit drei großen Sprüngen war sie herangekommen. „Guten Tag, Biber Berti", sagte sie freundlich, „ich freue mich sehr, sie wieder zu sehen. Meine Kleinen haben mir nach meiner Rückkehr erzählt, wie es ihnen ergangen war und wie hoffnungslos alles für sie gewesen wäre, hätten Sie nicht eingegriffen." „Ja, ja", sagte Berti, „das stimmt natürlich schon. Aber eigentlich ist es ja nur die halbe Wahrheit. Haben Ihnen Ihre Kinder denn auch erzählt, wie ich ihnen Würmer und Fische gebracht habe?" „Das und noch vieles mehr", antwortete die Füchsin „und sie hatten es dringend nötig, mein Samtpfötchen war schon richtig schwach vor Hunger, wer weiß was ohne Ihre Hilfe aus ihr geworden wäre." „Ohne meine Hilfe und ohne die Hilfe von Herrn und Frau Ente", fügte Berti hinzu. „Herr und Frau Ente?", fragte die Füchsin verwundert. „Ja meine Dame, Herr und Frau Ente. Sie waren es, die die Fische fingen und die Würmer für mich sammelten. Nur in die Nähe Ihres Baus wagten sie sich nicht, aus Angst, Sie könnten gefressen werden. Aber ihr Mitgefühl für die Notlage Ihrer Kinder war so groß, dass sie alle Vergangenheit vergaßen und sich mit großem Eifer an die Arbeit machten, damit die hungrigen Mäulchen Ihrer Kinder gestopft würden, deren Elend sie nicht ungerührt lassen konnte." „So war das?", fragte die Füchsin. „So war das", antwortete Berti. „Jedoch ist das noch längst nicht alles! Auch Sie wären jetzt nicht hier in Freiheit, hätten sich Herr und Frau Ente nicht dazu entschlossen, mit vereinten Kräften nach Ihnen zu suchen, damit Sie aus Ihrer Gefangenschaft befreit werden konnten. Sie waren es, die trotz ihres schon etwas fortgeschrittenen Alters nach Ihnen suchten, damit Ihre Kinder wieder ihre Mama sehen konnten, die sie nährt und versorgt. Obwohl sie wussten, dass dies nur mit neuen Gefahren für sie verbunden wäre." Aufmerksam hörte die Füchsin zu. „Ist das denn wirklich wahr?" „Damit verbürge ich mich mit meinem Namen", sagte Berti gewichtig und sah der Füchsin dabei fest in die Augen. „So etwas", sagte sie kopfschüttelnd. „Dabei habe ich den beiden oft genug das Leben schwer gemacht." Beschämt schaute sie zu Boden, für eine Weile sagte sie nichts mehr. Dann fragte sie: „Wissen Sie denn, Herr Biber, wo die beiden nun sind?" „Nein", sagte Berti, „das weiß ich leider nicht. Vorher sind sie zusammen weggeschwommen und ich weiß nicht einmal, wohin." „Würden Sie Herrn und Frau Ente etwas von mir ausrichten?" „Aber gewiss, antwortete Berti, wenn ich sie nur hoffentlich bald wieder sehen würde." „Wenn Sie die Beiden wieder sehen, richten Sie ihnen bitte meine allerherzlichsten Grüße aus und versichern Sie ihnen in meinem Namen, dass weder von mir noch von meinem heranwachsenden Nachwuchs je wieder eine Gefahr für sie ausgehen wird. Es ist mein Wunsch, dass sie in Ruhe und Frieden neben uns leben sollen, ohne Angst vor Gefahr, und wenn es mir einmal möglich sein sollte, auch ihnen einen Dienst zu erweisen, dann möchte ich dies gerne tun. Zunächst aber überbringen Sie den beiden meinen herzlichsten Dank." „Nichts würde ich lieber tun", antwortete der Biber mit großer Erleichterung, denn die Worte von Frau Ente hatten ihn schwer getroffen und bedrückt. Nach diesen Worten tauschten Berti und die Füchsin noch ein paar Freundlichkeiten aus und einigten sich darauf, unbedingt in Kontakt zu bleiben, denn es war Bertis ausdrücklicher Wunsch, die Kleinen wieder zu sehen, um zu wissen, wie es ihnen geht. Dabei erfuhr er auch, dass die Füchsin ihre Jungen heute zum ersten Mal auf einen kleinen Ausflug mitgenommen hatte, damit sie die Umgebung etwas kennen lernen konnten. Bei dieser Gelegenheit hatte Langnase schon seine erste Maus gefangen, die ihm deshalb auch besonders gut schmeckte. Rotfell hatte es auch versucht, ging jedoch ohne Erfolg aus und Samtpfote hatte noch gar kein richtiges Interesse an der Jagd, sondern war viel mehr damit beschäftigt, alles, was sie sah, in großem Erstaunen und mit viel Interesse anzuschauen.

Nachdem sich die Füchsin und Berti voneinander verabschiedet hatten, schwamm Berti in doppelter Hinsicht erleichtert den Fluss hinauf, in guter alter Gewohnheit. Vor seinem Bau tauchte er tief ins Wasser ein und verschwand durch seinen Geheimgang in der Burg.

Biber Berti fühlt sich einsam

Der Herbst hatte nun viele Blätter gelb gefärbt, die Luft wurde immer kühler und immer häufiger zogen Herbststürme über das Land. Die gelben Blätter wirbelten dann wild durch die Luft, bevor sie langsam und sacht zu Boden schwebten. Berti wusste, was er nun zu tun hatte. Es war nicht mehr viel Zeit, dann würde der Winter einbrechen und auch wenn seine Burg schon gut befestigt war, wollte er doch sicher gehen, dass sie in der kalten Jahreszeit bestehen würde. Tag und Nacht beschäftigte er sich nun damit, Futtervorräte anzulegen oder seine Behausung auszubessern.

Berti schichtete noch mehr Baumstämmchen und Äste über der Burg auf. Inzwischen ragte sie schon über einen Meter aus dem Wasser. Durch die Vergrößerung der Burg konnte in ihrem Inneren mehr Raum entstehen, indem Berti die Burg etwas aushöhlte. Somit entstand ein schöner Vorraum vor dem Wohnzimmer, der Berti zum Fressen und Trocknen diente. Wenn er dann weiter in sein Wohnzimmer trottete, war er schon schön trocken und alles blieb ordentlich.

Dort, wo Berti seine Burg gebaut hatte, hatte sich inzwischen so viel Wasser aufgestaut, dass ein richtiger Teich entstanden war. Somit war das Wasser hinter der Burg auch tief genug, um genügend Vorräte für den Winter anzulegen. Berti hatte längst vorgesorgt, war aber der Meinung, man könne nie gut genug vorbereitet sein. Aus diesem Grund legte er noch viel mehr Vorräte unter Wasser an, bis seine Speisekammer vor lauter guter Sachen fast überquoll. Bei allem Fleiß vergaß Berti aber nicht, sich immer gut zu nähren, denn auch vom Winterspeck konnte man nie genug haben. Er half Berti nicht nur, durch die Zeit zu kommen, in der es nicht so viel Futter gab, sondern auch, schön warm zu bleiben, wenn es draußen bitter kalt wurde. Weil Berti an Land nicht so besonders geschickt war, überlegte er sich, einen Kanal anzulegen, der ein Stück weit in den Wald hineinreichte. Von dort aus könnte er dann gut zu den Bäumen gelangen, die er fällen wollte, und er hätte die Möglichkeit das Holz durchs Wasser zu transportieren.

Außerdem könnte er durch den Kanal schneller verschwinden, wenn Gefahr drohte. Mit viel Eifer machte sich Berti ans Werk und arbeitete wiederum Tag und Nacht, bis er einen kleinen Kanal angelegt hatte, der es ihm möglich machte, mindestens zweieinhalb Meter in den Wald hinein zu schwimmen, ohne das Wasser verlassen zu müssen. Berti grub sich voran wie ein Bagger, den Schlamm, den er ausgrub, schob er rechts und links des Kanals nach oben weg. So entstand eine richtig nette kleine Wasserstraße, die er voller Stolz betrachtete. Viel Zeit für Ausflüge hatte er bei all seiner Geschäftigkeit nicht mehr, die meiste Zeit hatte er in den vergangenen zwei Wochen alleine verbracht, sein Instinkt sagte ihm jedoch, die Arbeit sei dringend notwendig. Berti entschied sich somit, der Vernunft zu folgen und sich nicht ablenken zu lassen. Die Mühe hatte sich auch wirklich gelohnt. Die Burg hatte nun noch dickere Wände, damit bot sie noch besseren Schutz vor Sturm, Wasser und Kälte. Auch das Innere war mit dem geräumigen Vorraum zum Wohnzimmer schöner geworden, die Vorratskammern waren gefüllt und ein kleiner Kanal führte nun vom Teich ein kleines Stückchen in den Wald hinein. Alles war perfekt. Berti hatte sich ein richtiges kleines Reich geschaffen, in dem er nun schalten und walten konnte. Auch andere Tiere hatten ihre Vorteile davon. Jeden Morgen kam ein hübsches, schüchternes Reh, um am seichten Ufer zu trinken. Berti hatte seine großen dunklen Augen besonders gerne, durch die es ihn vorsichtig und aufmerksam betrachtete. In der Wassertiefe vor dem Bau fühlten sich auch die Fische ganz wohl, sie schwammen flink zwischen Bertis Vorräten herum und im Schilf hatten sich Frösche niedergelassen. Mit all den Tieren um sich herum war Berti gar nicht mehr so allein. Ein Zaunkönig war zwischenzeitlich auch in eine gut geschützte ovale Baumhöhle eingezogen und sang Berti schon morgens sein Lied. Ganz in der Nähe des Zaunkönigs wohnte nun auch ein Eichhörnchen, das ebenso fleißig Vorräte sammelte wie Berti. Mit seinem wunderschönen roten Fell und dem buschigen Schwanz gefiel es Berti besonders gut und es bereitete ihm viel Freude, dem Eichhörnchen beim Klettern zuzusehen. Berti hatte genügend gearbeitet, um sich den Luxus gönnen zu können, heute einmal wieder auswärts zu speisen. Er schwamm ein Stückchen den Fluss hinunter und machte sich an einer saftigen jungen Pappel zu schaffen, die er zwar nicht ganz fällte, deren tiefer hängenden

Äste er aber einen nach dem anderen abnagte. Er saß kauend und schmatzend am Ufer, als er von weitem angeregtes Geschnatter hörte. Das Geschnatter kam nun näher. Berti schaute angestrengt auf die Flussbiegung, als plötzlich Herr und Frau Ente um die Kurve kamen. Darauf hatte er schon lange gewartet. Die beiden schienen ihn nicht bemerkt zu haben und schwammen schnell heran. Berti war etwas verlegen, entschied sich aber, ein Herz zu fassen und das Paar mutig anzusprechen. „Guten Morgen die Herrschaften", sagte er schüchtern. „Guten Morgen", antworteten sie kühl und knapp, schauten Berti kaum an und schwammen schnell weiter.

Unschlüssig und verlegen schaute Berti ihnen nach. Obwohl es ihn große Überwindung kostete, schwamm er hinter ihnen her. „Bitte warten Sie doch mal!", sagte er. „Schließlich habe ich Ihnen etwas zu sagen." „Ach ja?", schnappte Frau Ente, „was gibt es denn noch zu sagen?" „Eine ganze Menge, wenn Sie nur bereit wären, mir ein paar Augenblicke zuzuhören", entgegnete Berti. Mit trotzigem Blick hielt Frau Ente an, ihr Mann immer an ihrer Seite. „Was Sie neulich gesagt haben, hat mich sehr getroffen", sagte Berti. „Sie warfen mir vor, nur an mich zu denken, das ist aber

nicht ganz wahr. Schließlich müssen Sie wissen, dass ich von den Zwistigkeiten zwischen der Füchsin und Ihnen keine Ahnung hatte."
„So?", gab Frau Ente schnippisch zurück, "was haben Sie denn gedacht. Schließlich sind wir zwei Enten und sie ist eine Füchsin. Haben Sie denn noch nie das Lied „Fuchs du hast die Gans gestohlen" gehört?! „Zwar sind wir keine Gänse, aber dennoch sind wir sehr artverwandt und für eine Füchsin ein gefundenes Fressen." „Das stimmt, ich hätte es mir denken können", gab Berti zu, „aber ich bin nun einmal ein Biber und wurde noch nie von einem Fuchs verfolgt. Deshalb habe ich einfach nicht daran gedacht. Trotzdem stimmt es nicht, dass ich nur an mich denke. Es war mir nämlich sehr wichtig, die ganze Sache aufzuklären. Als ich neulich die Füchsin mit ihren Jungen aufsuchen wollte, waren sie zunächst nicht in ihrem Bau, kamen aber später allesamt gesund und munter zurück, sodass ich sie doch noch antreffen konnte. Dabei hatte ich die Gelegenheit, ein ausführliches Gespräch mit der Füchsin zu führen, die sogleich all Ihre Schilderungen bestätigte. Sie können sich gar nicht vorstellen, wie betroffen sie war, davon zu hören, wie Sie zu ihrer Rettung beigetragen haben. Natürlich habe ich nicht ausgelassen ihr zu

berichten, wie sie ihren ausgehungerten Jungen eine feine Mahlzeit aus Fischchen und Würmern beschafft haben." „Was hat sie gesagt?", fragte Frau Ente. „Sie war zunächst sehr verlegen und schien es kaum glauben zu können. Dann sagte sie, es sei ihr ausdrücklicher Wunsch, Sie wissen zu lassen, es gehe von nun an keine Gefahr mehr von ihr aus, nicht von ihr und auch nicht von ihren Jungen. Außerdem fügte sie hinzu, Ihnen auch gerne einen Gefallen erweisen zu wollen, wenn dies denn irgendeinmal möglich wäre." Nun schaute auch Herr Ente Berti mit geweiteten Augen und offenem Schnabel an. „Ach was", sagte er. „Hat sie das denn wirklich so gesagt?" „Ja", sagte Berti „und so wie sie dabei aussah, hat sie es auch wirklich so gemeint." Nun waren die beiden Enten erst einmal sprachlos. Nach einer Weile sagte Frau Ente: „Das freut uns, was Sie uns da gerade erzählt haben. Nicht wahr, mein Schatz?" Herr Ente nickte eifrig mit dem Kopf. „Ich hoffe, Sie halten uns nicht für gar zu empfindlich", setzte sie ihre Rede fort, „aber Sie verstehen uns hoffentlich auch ein wenig, wenn Sie die Dinge aus unserer Perspektive betrachten." „Sehr gut verstehe ich Sie sogar, daher habe ich mich ja auch so sehr darum bemüht, die Sache richtig zu stellen." „Dafür sind wir Ihnen wirklich sehr dankbar", sagten die beiden in ihrer alten Herzlichkeit. „Sie haben uns eine richtige Freudenbotschaft überbracht. Es ist für uns eine große Erleichterung zu wissen, wie die Füchsin zu unserem Einsatz steht. Nicht mehr vor ihr auf der Hut sein zu müssen, ist für uns eine große Erleichterung. Somit können wir unsere Ausflüge in Zukunft noch besser genießen und auch immer wieder an Ihrer Burg vorbei schauen, wenn Ihnen das recht ist." „Sicher ist es mir recht. Mir hat es immer großen Spaß gemacht, ein Schwätzchen mit Ihnen zu halten." „So geht es uns auch", meinten die beiden. Sie wünschten sich noch einen wunderschönen Tag und schwammen weiter.

Der Himmel war schon den ganzen Tag über milchig trüb gewesen. Doch jetzt wurde er richtig dunkel. Starker Wind frischte auf und es fing an, bindfädenartig zu regnen. Schön war dieser Regen nicht, aber Berti war er ziemlich egal. Ein Biber ist ja nicht so empfindlich, wenn es um Nässe geht. Durch sein Fell war er optimal geschützt und da er es auch täglich ordentlich pflegte, wurde er unter seinem Fell eigentlich auch nie nass. Dennoch vermisste er die Sonne ein bisschen, die sich nun immer seltener zeigte. Die Blätter der Bäume waren nun gelb und rot. Viele waren schon runtergefallen und bedeckten nun den Boden. Wenn Berti aus dem Wasser kam, raschelte das Laub unter ihm. Ein sicheres Zeichen, dass der Winter nun noch näher war.

Von nun an vergingen die Tage eintönig und ereignislos. Berti baute immer wieder an seiner Burg herum oder suchte den letzten Maisacker auf, der in der Gegend noch stand. Dunkelgelb und hart waren die Maiskörner nun geworden, nicht mehr ganz so saftig und frisch, wie sie es vor einigen Wochen noch waren. Zwar gab es auch einige Früchte auf der Streuobstwiese, doch die waren durch die nun einsetzenden Nachtfröste langsam hinüber. Berti hatte in letzter Zeit mehrmals erfolglos nach der Füchsin und ihren Jungen geschaut, die immer dann auf Streifzug waren, wenn er vorbei kommen wollte. Wehmütig dachte er an Samtpfötchen und ihre liebevollen Blicke, mit denen sie Berti noch immer voller Dankbarkeit anzuschauen pflegte. Auch die temperamentvollen Begrüßungen von Spitznase und Rotfell fehlten ihm. Einsam zottelte er am Ufer entlang und dachte nach. Das Gras auf den Wiesen schien ihm sehr dunkelgrün geworden zu sein und war immer nass. Die Wipfel der Bäume, teilweise schon kahl, streckten ihre leergefegten Äste geisterhaft in den Himmel. Trüb, nebelig und nass zogen so die Tage dahin. Berti hatte den Eindruck, ein Tag sei wie der andere. Ohne genau zu wissen, woher es kam, hatte er das Empfinden, es fehle ihm etwas. Wenn er am Abend in seiner Burg saß, konnte er die Gemütlichkeit seiner Räume nicht richtig genießen. Missmutig legte er sich hin und versuchte einzuschlafen, ohne sich dabei so richtig auf den nächsten Tag zu freuen. Wenn er im Morgengrauen wach wurde, verließ er wie immer seine Burg. Langsam ließ er sich in das kalte Wasser gleiten, dessen Farbe so trüb wie der Himmel war. Nach seiner Gewohnheit machte er sich dann ans Frühstücken, wobei es immer schwerer wurde, grün belaubte Äste zu finden und da es noch immer nicht Winter war, entschloss er sich einmal mehr, an seinem Heim weiter zu bauen. Fleißig machte er sich ans Werk. Es dauerte nicht sehr lange, bis er ein drittes Zimmer in seiner Burg hatte. Fast eineinhalb Meter schaute die Burg nun aus dem Wasser. Trotzig und fest, fast unüberwindbar. In ihr sollte sich Berti sicher und geborgen fühlen, dennoch fehlte ihm etwas. Nach der Beendigung seiner Bauarbeiten schaute er sein Werk lange nachdenklich an. Normalerweise hatte er sich nach der Fertigstellung eines Anbaus immer gefreut, dieses Mal jedoch war es anders. Lange dachte Berti darüber nach, welches Vergnügen ihm der letzte Ausbau bereitet hatte, wie glücklich und stolz er über sein Werk war. Woran mochte es wohl liegen, dass ihm das Herz so schwer war? Langsam schwamm er flussaufwärts, ohne genau zu wissen, wohin er wollte. An einer flachen Stelle ging er an Land. Dort standen dichtes Gebüsch und Sträucher, die er langsam durchquerte. Hinter dem Gebüsch war eine Wiese, die sich weit über das Risstal erstreckte. Zwischen den dunkelgrünen Grashalmen waren weiße Punkte zu sehen. Berti sah sie sich genauer an, es waren Pilze, von denen es hier jede Menge gab. Außer den Pilzen gab es noch eine Menge Maulwurfshügel, Maulwürfe selbst waren allerdings keine zu sehen. Träge und gedankenverloren ging Berti an dem Strauchwerk entlang, bis er plötzlich hinter einer Biegung Stimmen wahrnahm. Vorsichtig schlich er sich ins Gebüsch und entschied sich, von hier Ausschau zu halten, wem diese Stimmen zuzuordnen waren. Wenn es brenzlig werden würde, wäre das Wasser nah genug, um schnell hineinzuspringen. Gespannt schaute er zwischen den Ästen und Blättern hervor, geduldig abwartend. Nach kurzer Zeit tauchten vier Gestalten auf. Sie alle waren in Regenmäntel gehüllt, trugen Gummistiefel an den Füßen und hatten Regenhüte auf. Es war ein Ehepaar mit seinen Kindern. Die eher kleine, zierliche Frau trug ein Körbchen, das aus Weiden geflochten war. Neben ihr ging ihr Mann, der ebenfalls schlank war, sie aber mindestens um einen Kopf überragte. An der einen Hand hatte er ein kleines hübsches Mädchen, deren blond gelockten Haare unter einem rosaroten Hütchen hervorschauten, das sie auf dem Kopf trug. Unter der Krempe leuchteten ihre blauen Augen hervor, die wunderbar zu dem Gold ihrer Haare und dem leuchtenden Rosarot passten. Mit großen Augen schaute sie zu ihrem Papa hoch, der es freundlich anlächelte und irgendwelche Dinge mit ihm sprach. Vor ihnen her rannte ein Junge, er steuerte geradewegs auf ein paar Pilze zu, wobei er Berti fast zu nahe kam. Beinahe wäre er ins Wasser gesprungen, seine Neugierde hielt ihn jedoch davon ab. Als er sich bückte, sah Berti sein hübsches, rundes Gesicht, welches von dunklen Locken umrahmt war. Seine dunkelgrünen Augen waren lebhaft und klug. Tief beugte er sich über die Pilze, wandte sich um und rief: „Mama, ich hab welche gefunden!" Schnell richtete er sich auf und blickte zu seiner Mama. „Sind es denn auch die richtigen?", fragte sie. „Ja, ich glaube schon. Sie sind ganz weiß und rund, so wie Papa es erklärt hat." Jetzt steuerte die ganze Gruppe auf den Jungen zu, der ihnen schon entgegensprang. „Kann ich denn das Messer haben?", rief er. „Nein, lieber nicht", sagte die Mama, „das ist zu gefährlich." „Aber ich kann doch aufpassen!", protestierte er. „Na gut", sagte Papa, „gib ihm das kleine stumpfe Messerchen mit dem weißen Griff, damit kann nicht viel passieren." Mama gab ihm das Messer, warnte ihn aber, dass er gut aufpassen solle. Schnell schnappte er das Messerchen mit dem Korb und machte sich ans Werk. Champignon für Champignon schnitt er ab, legte sie in den Korb und hüpfte weiter, schnell und unbeirrt. Seine beiden Eltern machten nun auch mit, nur die Kleine stand daneben und schaute zu. Sie war wohl noch zu klein, um richtig helfen zu können. Trotzdem schien es ihr Freude zu bereiten, beim Sammeln zuzusehen. Unbeholfen streckte sie ihre kleinen Händchen aus. Papa legte ihr einen der Pilze hinein, den sie aus allen Richtungen anschaute. Schließlich hielt sie ihn sich unter die Nase und sagte: „Riecht komisch Papa." „Ja, aber warte mal, bis Mama sie mit Eiern und Kartoffeln in einer Pfanne brät, dann nicht mehr!" Lachend schwang er sie in die Luft und setzte sie auf seine Schultern. Auch das Mädchen lachte nun vergnügt, wobei es immer wieder die kleinen Händchen zusammenpatschte. „Nun müssen wir uns aber beeilen, Lisa", sagte er, „Mama und Tobi sind schon ganz weit vorn." Mit schnellen Schritten machte er sich davon, während Berti hinter ihnen hersah.

Noch lange saß Berti so im Gebüsch und sah der kleinen Familie nach, von der bald nicht mehr viel zu sehen war. Trotzdem blieb er im Gebüsch sitzen und bewegte sich nicht von der Stelle, ganz in Gedanken versunken. Bilder seiner eigenen Kindheit stiegen in seinen Erinnerungen auf. Bilder, die lange Zeit verblasst waren. Plötzlich sah er sich mit seinen Eltern und Geschwistern wieder, wie sie alle zusammen im Wasser schwammen, um ihre Familienburg zu bauen. Mama Biber zeigte seiner Schwester Emma, was sie zu tun hatte und Papa Biber kümmerte sich um Berti. Gut konnte er sich daran erinnern, wie stolz er auf sich war, als er im Beisein von Papa seinen ersten Baum fällte. Papa schaute zu, aus sicherer Entfernung, so wie Biber es zu tun pflegen, damit sie nicht von dem umfallenden

Baum erschlagen werden. Hier und da gab er ihm noch ein paar Tipps und Anweisungen, ansonsten machte er die Arbeit ganz allein. Papa holte sofort Mama und Emma, als der Baum gefallen war, er war wirklich stolz auf Berti. Mama und Emma konnten damals kaum glauben, dass Berti den Baum wirklich ganz alleine gefällt hatte, aber Papa bestätigte es. „Bravo, mein Junge", hatte Mama damals gesagt. Wenn du einmal groß bist, baust du deiner Frau mit solchen Bäumen ein Haus. Dann kann sie sich sicher und geborgen fühlen, so wie wir uns in unserer Burg gemeinsam wohl fühlen." Emma war damals ein bisschen beleidigt, weil sich in diesem Moment alles um Berti drehte, aber Mama zeigte ihr dann, wie man den Baum transportfertig machte. Dafür musste man den Baum in Stücke teilen und die Holzteile ins Wasser bringen. Emma war fleißig dabei und erhielt nachher genau so viel Lob von ihren Eltern wie Berti, sodass bald alle Eifersucht verflogen war. Gemeinsam saßen sie danach beim Abendessen in ihrer Burg, dabei sprachen sie noch lange über ihren Tag. Vor lauter Lachen kullerten Berti und Emma Tränen über das Gesicht, dabei wusste Berti nicht einmal mehr, wieso sie so gelacht hatten. Nur das Lachen war noch in seiner Erinnerung, die ihn nun bittersüß quälte. Endlich wurde Berti bewusst, weshalb es ihm in letzter Zeit so schwer ums Herz war, er fühlte sich einsam.

Starker Wind frischte mit einem mal auf, er bog die Ästchen im Gestrüpp und fegte viele Blätter vom Baum, die wild durch die Luft wirbelten. Selbst in Bertis Fell schnitt sich der Wind, Berti jedoch schenkte dem kaum Beachtung. Langsam und ruhig wandte er sich um, glitt ins Wasser und schwamm in Richtung seiner Burg, wohlwissend, es würde auch diesmal niemand auf ihn warten. Die Stille in seiner Burg, welche er einmal so genossen hatte, kam ihm nun traurig und erdrückend vor. Auch schien es ihm drinnen viel dunkler zu sein als vorher, obwohl es in Wirklichkeit gar nicht so war.

Ungebetener Besucher steigt Berti auf's Dach

Von nun an kamen viele trübe, nasskalte Tage auf Berti zu, die er nicht sonderlich gern hatte. Oft brauste der Wind durch die Bäume, die immer kahler wurden und schließlich keine Blätter mehr hatten. Alle Maisfelder waren nun abgemäht und der immer häufiger einsetzende

Nachtfrost hatte selbst die Pilze verschwinden lassen. Immer kürzer wurden die Tage, dafür wurden die Nächte länger und kälter. Lustlosigkeit und ein Gefühl von Schwere machten Berti fast täglich zu schaffen, der sich nun oft langweilte. So gingen die Tage und Wochen dahin, bis der erste Schnee viel. Flocke um Flocke schwebte herab, bis sich eine zuckergussartige Schicht über die Erde zog und immer dicker wurde. Alles war nun bald von einer weißen Schicht überzogen. Wiesen, Felder, Bäume und Sträucher schlummerten unter einer sanften weißen Decke. Mit ihnen schlummerte Berti in seiner Burg, die er während des Winters kaum verließ. Meistens ging er nur nach draußen, um nach seinen Vorräten zu tauchen, die er vor der Burg unter Wasser angelegt hatte. Nicht einmal die Forellen traf er hier mehr, seine stummen Nachbarn hatten sich im Schlamm vergraben, um sich vor der Kälte zu schützen. Berti holte sich seine Ration, um sie in die Burg zu bringen, dort verspeiste er alles ruhig, ohne Eile. In dieser Weise verging ein Tag wie der andere.

Berti war im Winter nicht sonderlich aktiv, denn er hielt in der kalten Jahreszeit seine Winterruhe. Seine Burg verließ er nur, um sich etwas zu essen zu holen, ansonsten verkroch er sich in seinem Quartier. Aber auch wenn Berti nach außen hin ganz ruhig war, so war er doch innerlich sehr aufgewühlt. Denn seine Einsamkeit wurde ihm in den vielen ruhigen Stunden nun so richtig bewusst, doch gab es nichts, was er hätte tun können. Die Kälte und Dunkelheit des Winters lasteten schwer auf Biber Berti, obwohl er materiell gut ausgestattet war, aber die Nähe und Wärme seiner Familie fehlten ihm und bereitete ihm viel Kummer.

Der Fluss war nun von einer dicken Eisfläche überzogen, unter der das Wasser wegfloss. Eines Tages, als Berti seine Burg verließ und an die Wasseroberfläche wollte, stieß er gegen die kalte trübe Eisschicht, die er nicht durchbrechen konnte. Dies machte Berti nicht viel aus. Er konnte auch unter der Eisfläche durch zu seinen Vorräten gelangen und da er ein sehr guter Taucher war, ging ihm dabei auch nie die Luft aus.

Das Eis blieb Berti eine ganze Weile erhalten, der Winter hatte nun seinen Höhepunkt erreicht. Es war Januar geworden, die Tage vergingen ohne besondere Ereignisse und Berti langweilte sich so manches Mal in seiner Burg. Eines Tages, als er gerade wieder nach seinen Vorräten tauchen wollte, hörte er dumpfe Stöße unter dem Eis. Berti wunderte sich, was das wohl sein mochte, doch er konnte es nicht herausfinden. Langsam drang er bis zu seinen Vorräten vor, nahm sich einen schönen, gut erhaltenen Ast und machte sich mit ihm in seine Burg davon. Wie immer verspeiste er den Ast in seinem Speisezimmer. Doch anstatt sich dort sauber zu machen, um ins nächste Zimmer zu gehen, tauchte er noch einmal in den Fluss, damit er noch etwas Nachschub holen konnte. Auch dieses Mal hörte er die dumpfen Stöße, die nun immer lauter wurden. Das Eis krachte und ächzte. Solche Geräusche hatte Berti noch nie gehört, er konnte sich auch gar nicht denken, was dies zu bedeuten hatte. In seiner Vorratskammer, die noch immer jede Menge zu bieten hatte, konnte er leicht einen geeigneten Nachtisch finden, mit dem er sich dann auch gleich wieder in Richtung Burg aufmachte. Dort angekommen, verspeiste er seine zweite Portion, ohne lange nachzudenken, und fing an, sein gut gepflegtes Fell zu putzen. Berti legte nämlich sehr viel Wert auf einen schönen, glänzenden Peltz. Wenn er sein Fell gut reinigte, war es auch schön warm, schütze ihn vor Nässe und die Haut darunter blieb gesund. Während er so mit seiner Fellpflege beschäftigt war, glaubte er, von draußen her Geräusche zu hören. Lautes Rufen und Gelächter hallten über das Eis. Berti erschrak, als er merkte, woher die Geräusche kamen. Niemand musste ihm erklären, wem diese Laute zuzuschreiben waren, Berti wusste instinktiv, dass sie von Menschen kamen. Vorsichtig lauschte er, unschlüssig, was er nun machen sollte. Sollte er seine Burg nun verlassen und davon schwimmen? Was wäre, wenn er keine offene Stelle unter dem Eis finden würde, es könnte ihm die Luft ausgehen? Viele Gedanken jagten ihm gleichzeitig durch den Kopf, als er angestrengt nach draußen lauschte. Laut und wild schlug ihm das Herz, sodass es bis in die Ohren pochte. Angst und Panik stiegen in Berti auf, doch er entschied sich, zunächst in seiner Burg zu bleiben.

Laut und deutlich waren die Stimmen nun zu hören, sie mussten ganz nahe sein. Draußen, einige Meter von der Burg entfernt, tauchten drei Jungen auf, mit dicken Wollmützen auf den Köpfen, Handschuhen an den Händen und langen Schals um ihre Hälse. Sie waren mit ihren Schlittschuhen auf dem gefrorenen Eis unterwegs, welches sie nun sogar bis zu Bertis Burg getragen hatte. „Hey Kai", rief einer der Jungen laut, „da vorne ist ein Hügel, mitten auf dem Eis!"

Mit ausgestrecktem Arm wies er in Richtung Biberburg. „Was ist das, Holger?", fragte Kai, „hast du so was schon mal gesehen?" „Ne, hab ich noch nie gesehen", sagte Holger, „du etwa, Oli?" „Warum soll ich so was schon mal gesehen haben?", sagte Oli, „immer fragst du mich". „Man wird ja wohl nochmal fragen dürfen", schnappte Holger zurück. „Sieht aus wie ein riesiger Ameisenhaufen, nur weiß", sagte Kai. „Vielleicht ist das von irgendeinem Wildtier." „Von irgend einem Wildtier?", fragte Oli. „Wir haben hier doch gar keine wilden Tiere, warum soll das denn von einem Wildtier sein." „Wildtiere sind Tiere, die in der freien Natur leben", sagte Holger, „deshalb müssen sie noch lange nicht wild und gefährlich sein. Hast du etwa noch nie etwas von Wildtieren gehört?!" „Jetzt hört doch endlich auf!", rief Kai, „immer müsst ihr streiten." Die beiden hörten tatsächlich auf, wortlos schauten sie nun alle Drei in Richtung Burg.

„Sollen wir mal hingehen?", fragte Kai. „Wir können ja ganz vorsichtig sein." Langsam kamen sie näher. Oli nahm sich nun einen Stock, den er am Flussufer finden konnte, und klopfte damit kräftig auf Bertis Burg. Berti konnte die Schläge laut im Innern seiner Burg hören, was hatten die Jungen vor? Nun versuchte Oli, mit seinem Stock in der Burg herum zu stochern, aber die Äste waren zu dicht ineinander verwoben und er rutschte immer wieder mit seinem Stock ab. „Lass das mal lieber", sagte Holger, „womöglich machst du noch was kaputt." „Was soll denn da schon kaputt gehen", sagte Oli, „sind doch nur Steine und Äste unter dem Schnee, außerdem ist alles hart gefroren." „Trotzdem", gab Holger zurück. „In der Schule haben wir gelernt, man darf der Behausung von Wildtieren nicht zu nahe kommen, sonst fühlen

sie sich nicht mehr wohl und müssen sich eine neue Bleibe suchen und jetzt ist es auch noch Winter." „Ach du immer mit deinen blöden Wildtieren", schimpfte Oli nun richtig genervt. „Erzähl mir nur nicht dauernd, was ihr in der Schule gelernt habt, du Streber." Oli warf seinen Stock weg, er beugte sich mit seinen Händen nach vorne und stieg mit seinen Schlittschuhen an den Füßen auf die Burg. Zweimal glitt er aus und viel auf die Knie, aber er schaffte es bis ganz oben. Auf der Burg angekommen, rief er laut: „Ich hab`s geschafft, jetzt gehört der Hügel mir. Kommt doch auch, wenn ihr es schafft. Aber passt gut auf, sonst werfe ich euch wieder runter." Kai stand unschlüssig da, während Holger ärgerlich zu ihm nach oben schaute. „Was ist nun ihr zwei, habt ihr etwa Angst?" „Ich mach da nicht mit", rief Holger ihm zu, „du solltest da lieber wieder runter kommen." „Das würde mir ja gerade noch einfallen!" Oli fing an, mit seinem Schlittschuh gegen die Burg zu kicken, so fest er nur konnte. Ein Ast fing schon an sich zu lösen, was Oli nur noch mehr ermutigte. Als er den ersten Ast mit zahlreichen Tritten weggetreten hatte, nahm er ihn und warf ihn auf das Eis. „Spinnst du, komm da gefälligst wieder runter", rief Holger. Oli reagierte nicht, sondern machte weiter. Erneut holte er aus, um gegen die Burg zu treten. Dabei rutschte er aus, verlor rückwärts das Gleichgewicht und purzelte von der Burg. Zweimal überschlug er sich bei seinem Abgang und prallte mit dem Gesicht aufs Eis. Holger und Kai schauten erschrocken zu. Zunächst war es ganz leise, bis man Olis schluchzen hörte. Er drückte sich mit seinen Händen vom Eis ab, um aufzustehen. Umständlich schaffte er es gerade mal bis auf die Knie, danach kamen ihm Holger und Kai zur Hilfe. Offenbar hatte sich Oli die Nase angeschlagen, denn es rann dickes, dunkelrotes Blut aus seiner Nase, während er laut heulte.

„Geht's wieder, Oli?", fragte Holger. „Auuuuuuuuuuuuuuuuuuuu", heulte Oli, „ich hab mir so die Nase angeschlagen." „Willst du ein Tempo?" Kai reichte Oli ein Tempo. Dieser drückte sich das Papier gegen die Nase und heulte laut und ungehemmt. „Dieser blöde Haufen, wär ich da nur nicht draufgestiegen. Ich will heim zu meiner Mama!" Heulend und schimpfend machte sich Oli mit seinen Freunden auf den Rückweg. Berti saß wie versteinert in seiner Burg. Die ganze Zeit dachte er, ihm würde das Herz stehen bleiben, so fürchterliche Angst hatte er. Nach dem die Jungen weg waren, überlegte er sich lange Zeit, was er tun sollte.

Der Besuch der Jungen blieb noch lange in Bertis Gedächtnis. Tagelang horchte er, ob er nicht wieder dieselben Geräusche hören konnte. Er fühlte sich weder wohl noch sicher in seiner Burg und dachte ernsthaft darüber nach, diese zu verlassen. Die Jungen hatten ihn entdeckt, sie wussten nun, wo er wohnte, was, wenn sie wieder kommen würden? Bisher hatte er sich in seiner Burg immer sicher gefühlt, sie lag gut verborgen zwischen den Bäumen, jetzt fühlte er sich entdeckt. Konnte er noch hier bleiben?

Die Warnungen seiner Eltern waren noch immer in seinem Gedächtnis lebendig. Sie hatten ihm die Menschen als ihre schlimmsten Feinde beschrieben. Fast hätten die Menschen die Biber sogar völlig ausgerottet, indem sie sie über viele Jahre unerbittlich jagten, sie totschlugen und ihnen das Fell abzogen. Zwar waren schon längere Zeit keine so grausamen Geschichten mehr unter den Bibern umgegangen, aber das Misstrauen gegenüber den Menschen war immer noch groß. Berti war unschlüssig, was er am besten tun sollte. Immerhin war es Winter, somit war er auf seine

Behausung angewiesen, die ihm nun Schutz und auch Nahrung bot. Ohne seine Burg wäre er verloren und jetzt, da der Fluss von Eis überzogen war, konnte er unmöglich wegziehen, er würde ja gar nicht vorwärtskommen. Berti war ratlos.

In Anbetracht seiner Situation schien es Berti das Klügste zu sein, zunächst in seiner Burg zu bleiben. Ohne sie wäre er verloren, es blieb ihm eigentlich fast nichts anderes übrig, als abzuwarten und weiterhin wachsam zu sein.

Wie ein Schuss aus einem Gewehrlauf

Tage und Wochen verstrichen ohne weitere Zwischenfälle. Der Februar ging seinem Ende zu und das Eis über dem Fluss fing an zu schmelzen.

Dem Eis folgte der Schnee und mit den steigenden Temperaturen ließ sich auch hier und da einmal wieder die Sonne blicken. Berti hatte in den langen grauen Wintermonaten schon fast vergessen, wie sich das Geräusch fließenden Wassers anhörte, welches jetzt, nachdem die Schneeschmelze eingesetzt hatte, nicht nur ein Plätschern, sondern ein Rauschen war. Wild und in großer Geschwindigkeit jagte das Wasser nun den Fluss hinab. Dabei stieg es ständig. Nach einigen Tagen trat die Riss sogar zum ersten Mal, seit Berti hier war, über die Ufer und überschwemmte das umliegende Land, Wiesen und Äcker waren völlig unter Wasser gesetzt. Mit großer Kraft riss das Wasser auch an seiner Burg, sodass sich hier und da einzelne Äste und Baumstämmchen lösten und den Fluss hinunter gespült wurden. Am neunten Tag hatte das Wasser seinen Höhepunkt erreicht. Es war nun so hoch angestiegen, dass die Burg inzwischen einen halben Meter tiefer im Wasser lag, als das normalerweise der Fall war. Berti befürchtete schon, sein Bauwerk würde vom Wasser fortgerissen, aber seine zusätzlichen Bauarbeiten im Spätherbst zahlten sich aus. Zwar kam sein Bau nicht ganz ohne Schaden davon, aber er hielt dem wütenden Toben des Wassers stand.

Nach einigen weiteren Tagen hatte sich die Situation einigermaßen beruhigt. Es war nun Mitte März, der Schnee war größtenteils verschwunden und die Sonne tat fast jeden Tag ihr Bestes, um die weißen Schneefelder, die ihr an schattigen Plätzchen noch trotzten, Stück um Stück verschwinden zu lassen. Berti nahm dies mit Behagen war, denn ihm waren die vielen einsamen Stunden in seinem Bau langsam zu viel geworden und er sehnte sich nach der frischen Luft, den Sonnenstrahlen und den Gesang der Vögel, dem er sonst immer so gerne gelauscht hatte. Immer öfter wagte er sich nun wieder aus seinem Bau, um den noch eiskalten Fluss hinunter zu schwimmen. Das Wasser war nun wieder etwas zurückgegangen, Wiesen und Äcker waren von Eis und Schnee befreit und zwischen den Laubbäumen im Wald spitzten schon die ersten Schneeglöckchen hervor, die sich bald in weiten Teppichen überall ausbreiteten. Berti dachte eigentlich, er hätte für dieses Jahr genug Weiß gesehen, aber mit dem Weiß der Schneeglöckchen war es anders. Es war ihm, als ob sie den Frühling in all seiner Pracht und Schönheit einläuten wollten und das taten sie auch!

Von nun an wurde jeder Tag schöner. Die Schneeglöckchen wuchsen nun überall den Fluss entlang. Ihnen folgten Mengen an Buschwindröschen, die ihre zarten, ebenfalls weißen Blütchen mutig der Sonne entgegenstreckten. Der ganze Waldboden war von ihnen überzogen. Zwischen sie drängte sich das wunderschön gelbe Scharbockskraut wie funkelnde Sterne im weißgrünen Blütenmehr und über sie erhoben sich bald Narzissen und Tulpen in den allerprächtigsten Farben, die man sich nur vorstellen konnte. Über den Blüten der herrlichen Frühlingspracht summte und brummte es vor Bienen und Hummeln, die emsig von Blüte zu Blüte flogen. Blumiger Blütenduft hing überall in der Luft. Gierig sog Berti den süßen Geruch in seine Lungen und fing jeden Sonnenstrahl mit größtem Wohlbehagen ein.

Die Starre des Winters hatte sich gelöst und mit ihr auch die starke Faust, die Bertis Herz in eisiger Umklammerung hielt. Immer wieder atmete Berti mit einem lauten Seufzen auf, wohl wissend, dass die schlimmste Zeit nun vorüber war. Nicht nur von Blütenduft, sondern auch von Musik war die Luft erfüllt. Lautes Vogelgezwitscher war nun überall zu hören. Der Gesang der Vögel klang schöner als jedes Konzert, dabei flogen sie munter zwischen den Bäumen hin und her, wobei Berti ihr schönes Gefieder betrachtete. Die Vögel flogen aber nicht nur aus lauter Vergnügen hin und her, sie mussten Nahrung suchen. Denn jetzt drehte sich alles um die Aufzucht ihrer Jungen, die hungrig in ihren Nestern saßen und dabei weit ihren Schnabel aufsperrten. Beide Vogeleltern hatten alle Hände voll zu tun, sie mussten Würmer, Insekten oder kleine Fischchen fangen, um ihre hungrigen Kinder satt zu kriegen. Diese schlangen alles mit einem unglaublichen Appetit hinunter, bevor sie sogleich aufs Neue anfingen zu piepen, als ob sie schon Stunden nichts mehr gefressen hätten.

Das hübsche scheue Reh, welches immer hinter Bertis Burg zum Trinken kam, dort, wo sich das Wasser aufstaute, kam von nun an in Begleitung vorbei. Mit sich brachte es ihr Kind, ein wunderhübsches kleines Rehkitz, mit genau so schönen großen Augen wie seine Mutter. Das Fell des Kleinen war noch ein bisschen heller als das seiner Mutter und die Beine schienen im Gegensatz zum übrigen Körperbau irgendwie länger zu sein, aber insgesamt war es sehr süß und Berti hatte es auf Anhieb mindestens so gern wie seine Mutter. Eines Tages, als das Reh wieder mit seinem Kitz zum Trinken vorbei kam, grüßte Berti freundlich und zurückhaltend. Denn er wusste, wie schüchterne Rehe sein können. Vorsichtig und aufmerksam betrachteten ihn Mutter und Kind, ohne auch nur einen Ton zu sagen. Berti geriet fast ein bisschen in Verlegenheit und sagte dann weiter: „Wissen Sie, ich beobachte nun schon seit längerer Zeit, dass Sie zum

Trinken hierher kommen und da ich hier wohne, dachte ich mir, ich spreche Sie mal an." Wieder sagte das Reh nichts, sondern schaute ihn einfach weiter an. „Wie heißen Sie denn, wenn ich mal fragen darf?"

„Valerie", sagte das Reh schüchtern. Als das Reh tatsächlich antwortete, war Berti so überrascht, dass ihm das Herz wild zu schlagen begann. Er schluckte kurz aufgeregt und meinte dann: „Na das ist aber ein schöner Name, der steht Ihnen ganz ausgezeichnet, wenn ich das sagen darf. Er ist mindestens so elegant, wie die Dame, die ihn trägt." Das Reh antwortete mit einem warmen Blick, der Biber Bertis Glieder durchwärmte. Mutig fragte er weiter: „Wie heißt denn das Kleine neben Ihnen?" „Das ist meine Tochter Carmen", antwortete sie freundlich. Carmen schaute Berti mit neugierigen Blicken an. Dann suchte sie den Blick ihrer Mutter und fragte: „Du Mama, was will denn die Wasserratte von uns?" Berti starrte Carmen mit Entsetzen an. Er, eine Wasserratte!? Das durfte doch wohl nicht wahr sein. Wasserratten waren doch viel kleiner als er und außerdem hatten sie nicht einen auch nur halb so prächtigen, breiten, wunderbar beschuppten Schwanz, mit dem sie so wie Berti aufs Wasser schlagen konnten. Verlegen schaute Valerie ihre Tochter an. Doch noch bevor sie antworten konnte, schlug Berti mit seinem breiten Schwanz, wie mit einer großen Kelle kräftig aufs Wasser. PATSCH!!! Als Bertis Schwanz auf das Wasser prallte, knallte es so laut, als ob sich irgendwo ein Schuss aus einem Gewehrlauf gelöst hätte. Carmen bekam so einen ungeheuerlichen Schreck, dass sie vor Angst fast in die Knie ging, um dann schleunigst davon zu rennen, dabei stolperte sie zwei Mal und fiel hin. Gelassen schaute Valerie ihr hinterher. Nach etwa zwanzig oder dreißig Metern blieb Carmen stehen, um sich nach ihrer Mutter umzusehen. Diese stand noch immer ungerührt am Wasserloch, ohne sich zu regen. Verlegen schaute sie Biber Berti an und meinte: „Es tut mir leid lieber Biber, wenn meine Tochter Sie beleidigt hat. Ich darf Ihnen versichern, sie sehen ganz und gar nicht wie eine Ratte aus. Aber Sie müssen bedenken, dass meine kleine Carmen noch überhaupt keine Erfahrung hat und da sie bisher weder einen Biber, noch eine Wasserratte gesehen hat, konnte sie es einfach nicht besser wissen." „Na ja", räusperte sich Berti gewichtig, „das hat natürlich auch etwas mit der Bildung des Kindes zu tun. Ein bisschen Heimat- und Sachunterricht würde da wohl nicht schaden." „Ich werde mein Möglichstes tun", sagte Valerie gleichmütig und schritt würdevoll hinweg.

Berti war ganz komisch zumute, er wusste gar nicht, was er von dieser Begegnung nun halten sollte. Da er ohnehin hierhergekommen war, um nach den Resten seines Futtervorrates zu tauchen, machte er sich nun daran, die schönsten noch verbliebenen Äste an die Wasseroberfläche zu befördern und in seinen Bau zu schleppen. Denn dort wollte er seine Mahlzeit alleine und in aller Ruhe vertilgen. Während er so an seinen Ästen knabberte und seinen Tag durchplante - er hatte nämlich noch ein paar Bauarbeiten zu erledigen – entschied er sich, Carmen zu verzeihen, sie war ja auch wirklich noch zu jung um zu wissen, was sie eigentlich vor sich hin plapperte. Mit versöhnlichen Gedanken machte er sich nach dem Essen an die Bauarbeiten, um die beschädigten Teile der Burg wieder neu herzurichten.

Wie immer ging Berti mit größter Präzision und großer Beharrlichkeit ans Werk und hörte erst auf, als die Burg von außen wieder wie neu aussah. Erst dann legte er sich zum Schlafen hin, denn es war längst dunkel geworden und der volle Mond stand schon seit Stunden am Himmel und neben ihm funkelten tausende von Sternen in der Dunkelheit.

Gestalten im fahlen Mondlicht

Das stetige Rufen einer Eule hallte laut durch den Wald, man konnte es sogar bis in Bertis Burg hören. Doch ihn störte das nicht, es war vielmehr Musik in seinen Ohren. Ein sicheres Zeichen dafür, dass noch andere freundliche Lebewesen mit ihm dort draußen waren und er nicht völlig alleine war. Mit diesen Gedanken schlief er ein, müde und erschöpft von seiner langen Arbeit.

Das Rufen der Eule folgte ihm in seine Träume. Huhu, huhu, huhu klang es immerzu, bis Berti den Eindruck hatte, von der Eule gerufen zu werden und den unwiderstehlichen Drang verspürte, ihrem Rufen zu folgen. Langsam begab er sich aus seinem Bau und ließ seinen Körper schwer ins kalte Wasser sinken. Der Mond spiegelte sich im Wasser wider und tauchte alles in ein fahles Licht. Geisterhaft streckten die noch kahlen Bäume ihre Äste in den Himmel, wie stumme Riesen standen sie da. Berti schwamm ans Ufer und betrachtete einen alten Eichenbaum. Langsam kletterte er aus dem Wasser, um näher an den Baum heran zu kommen, dessen grobe alte Rinde im fahlen Licht des Mondes zu sehen war. Als er nur noch wenige Schritte von dem Baum entfernt war, schien dieser auf einmal an, lebendig zu werden: „Biber Berti, was suchst du?", fragte eine Stimme ihn. Berti blieb verwundert stehen. Lange schaute er den Baum an, aber er hatte sich nicht verändert, sondern stand fest und unbeweglich wie vorher. Berti wunderte sich, hielt sich aber nicht lange auf, immerhin konnte er sich getäuscht haben. Schnell wackelte er weiter. „Wohin gehst du, Berti?!", klang es dicht neben ihm. Berti blieb erneut stehen, er wunderte sich, denn es war wieder nichts zu sehen. Still spähte er in die Dunkelheit, nicht das kleinste Geräusch war zu hören, nur das leise Geplätscher des Wassers. Noch ein kleines Weilchen lauschte er und schaute in die Dunkelheit, aber er konnte keinen Anhaltspunkt finden, woher die Stimme kam.

Ohne zu wissen, wohin er eigentlich ging, wanderte er im fahlen Mondlicht weiter. Eigentlich war er schon fast zu weit weg vom Wasser, das für ihn Sicherheit und Zuflucht bedeutete, dennoch ging er weiter. Nach einer Weile erkannte er einige Meter vor sich eine Lichtung. Das Mondlicht konnte an dieser Stelle ungehindert die Umgebung beleuchten, die dort in schwachem Licht lag. Irgendetwas schien hier vor sich zu gehen, denn er erkannte schemenhafte Gestalten. Als er näher trat, flog ihm plötzlich etwas über dem Kopf hinweg. Angestrengt schaute er in die Luft. Dabei erkannte er das junge Vogelpaar, das er neulich beim Füttern ihrer Brut beobachtet hatte. Eilig flogen sie

durch die Nacht, um Futter für ihre Jungen zu finden, die in einem Nest auf einem nahestehenden Baum saßen und mit weit aufgerissenen Schnäbeln um Futter bettelten. Wie er noch auf das Nest in dem Baumwipfel sah, hörte er plötzlich ein leises rascheln vor sich. Sein Blick fiel auf die Füchsin mit ihren drei Jungen, der er vor einiger Zeit das Leben gerettet hatte, indem er sie aus ihrer Gefangenschaft gerettet hatte. Die Füchsin schien irgendetwas im Maul zu tragen und brachte es zu ihrem Bau, der jetzt hier mitten im Wald lag und in dem ihre Jungen schon auf sie warteten. Hastig teilten und verschlangen sie, was ihre Mutter ihnen mitgebracht hatte. Zufrieden sah diese ihren Kindern zu und leckte ihnen dabei liebevoll über das Fell. Ganz versunken in diesen Anblick, wurde Berti bald wieder abgelenkt. Ein Geräusch wie von trabenden Hufen war da im Dickicht zu hören, begleitet von einem leisen Knacken alter morscher Äste, die auf dem Waldboden lagen. Augenblicke später kamen Valerie und Carmen auf die Lichtung getrabt, Carmen wich kaum von Valeries Seite. Diese blieb nun stehen, worauf sich Carmen vertrauensvoll an sie schmiegte und anfing zu trinken. Dabei schnupperte Valerie an Carmens Fell herum und betrachtete sie liebevoll von der Seite. Berti war wie verzaubert von diesem Anblick, die Harmonie und Zuneigung, die zwischen dem Reh und ihrem Kitz herrschte, wehte wie ein warmer Windhauch durch die kalte Frühlingsnacht. Huhu, huhu, huhu drang es wieder an Bertis Ohr. Doch diesmal war das Rufen viel lauter und klang irgendwie unheimlich. Plötzlich hörte Berti ein Flattern wie von großen Flügeln über sich. Angestrengt schaute er nach oben und entdeckte eine große Eule, die sich auf einen tiefhängenden Ast nur wenige Meter vor Berti niederließ. Durchdringend schaute sie ihn mit ihren großen Augen an. Der scharfe gelbe Schnabel in ihrem runden Gesicht gab ihr ein strenges Aussehen und das aufgeplusterte Gefieder hatte eine einschüchternde Wirkung auf Berti. Es war, als ob sie ihm mit ihren großen tiefblickenden Augen bis auf den Grund seiner Seele sehen konnte und all seine Gedanken kennen würde. Wie versteinert stand Berti da, unfähig, den Blick von ihr abzuwenden, als sie erneut in ihr Rufen einstimmte. Doch diesmal klang es anders, aus dem gleichtönigen huhu, huhu, huhu, huhu, huhu wurde zu Bertis großem Entsetzen: „Und du? Und du? Und du? Und du? Und du?" Während des Rufens sah sie Berti ununterbrochen mit starrem Blick an.

Dieser hielt die Luft an, unfähig, auch nur einen Ton von sich zu geben und in einem Augenblick schwang sie sich von ihrem Ast herab und schoss direkt auf Berti zu! Starr vor Schreck rang Berti nach Luft, in diesem Moment wachte er auf.

Noch immer sah Berti die großen starren Augen der Eule auf sich gerichtet, als er seinen Blick an die dunkle Decke seiner Burg heftete. Sogar jetzt fühlte er noch, wie sein Herz ihm das Blut wild durch die Adern jagte und in seinen Ohren hallte es nach: „Huhu, und du, Berti was suchst du, Berti wohin gehst du?" Angestrengt rang er um Luft, um dann endlich zu entdecken, dass er hier in seiner Burg war und nicht auf der Lichtung, draußen im Wald. Erleichtert seufzte er auf und reckte seine müden Glieder, die ihm heute Morgen seltsam steif vorkamen.

Einige Zeit blieb er noch liegen und schaute einfach in die Dunkelheit. Die Bilder des Traums standen ihm immer noch vor Augen. Besonders die Eule hatte ihn erschreckt und er wusste nicht, was er von alledem halten sollte. Müde und steif kroch er aus seiner Burg. In der Nacht hatte es wieder Frost gehabt, das Wasser umspülte ihn daher eisig kalt. Zum

Glück schafften es ein paar Sonnenstrahlen, vom locker bewölkten Himmel herab zu scheinen. Ihre Wärme tat Berti heute besonders gut, das Licht tröstete ihn ein wenig über die dunklen Schatten der vergangenen Nacht hinweg. Wie er sich aber so den Fluss hinuntertreiben ließ, fragte er sich, wohin er eigentlich gehen wollte. Eigentlich hatte er gar kein richtiges Ziel, ihm war nur klar, er musste irgendwo Frühstück finden, aber das war nicht schwer. Zwar waren die Äste der Bäume noch unbelaubt, dennoch waren schon erste Knospen zu erkennen, die aus dem Holz hervorbrachen und sich der Frühlingssonne entgegenstreckten. Dies bedeutete natürlich auch, dass wieder Saft in den Bäumen war. Die Rinde und das weiche Holz unter der Rinde schmeckten jetzt wieder vorzüglich, von den kleineren saftigen Ästen ganz zu schweigen. Mit der Aussicht auf ein leckeres Frühstück fing Berti wieder an, sich besser zu fühlen. An einer ruhigen Stelle am Flussufer machte er halt und fraß sich an einer schönen alten Trauerweide satt, ohne sie dabei ganz zu fällen. Viele Äste hingen ganz tief und waren somit leicht für den Biber erreichbar. Er entschied sich daher, sich mit ihnen zu begnügen. Auf der einen Seite bedeutete dies für ihn weniger Arbeit – denn auch jetzt fühlte er sich noch etwas steif – und auf der anderen Seite waren mehr als genug Äste für ihn da. Nach seinem Frühstück überlegte sich Berti, was er heute mit seinem Tag machen sollte. Dabei dachte er immer wieder an die Fragen: „Was suchst du, wohin gehst du?", die ihm im Traum begegnet waren.

Nach einigem Überlegen entschied er sich, mal wieder einen Ausflug zu machen. Vielleicht würde ihm ja unterwegs jemand nettes begegnen und ein kleiner Plausch würde ihm hoffentlich helfen, etwas Ablenkung zu finden.

Franz der Frechdachs

Rasch schwamm er den Fluss hinauf, die Anstrengung half ihm, nicht immer über seinen Traum nachzudenken und das Betrachten der Landschaft lenkte ihn zusätzlich ab. Nach einiger Zeit kam Berti in eine Gegend, in der der Fluss immer weiter in ein Naturschutzgebiet führte, indem es viel Wald und unberührtes Gelände gab. Rechts und links stand hohes Schilfrohr, hinter diesem lag ein schöner alter Forst, mit vielen Tannen und Kiefern, die auch zu dieser Zeit des Jahres immer grün waren. Viel Vogelgezwitscher war hier zu hören, der Wind wehte durch die Wipfel der Bäume, die immer wieder ihre Äste knacken ließen und der Geruch würziger Waldluft stieg ihm in die Nase. Immer weiter schlängelte sich der Fluss in den Wald hinein, dessen Bäume an manchen Stellen besonders dicht waren. In wilder Unordnung waren Bäume, Gestrüpp und Äste ineinander verwoben, alles war ursprünglich und ungeordnet. Berti ließ seinen Blick durch das umliegende Waldgelände streifen und sah dabei ein flinkes Eichhörnchen von Baum zu Baum hüpfen. Einige Meter weiter sah er einen wunderschönen schwarz-weißen Dachs, wie er gerade aus seiner Höhle kam und seine lange Nase frech in die Höhe streckte. Auch er hatte Berti längst bemerkt und sah ihn forschend an. „Guten Morgen, wo kommst du denn her?", rief er ihm zu. Berti schaute ihn ungläubig an. Hatte er gerade du zu ihm gesagt? Die Verblüffung hielt Berti davon ab, sofort eine Antwort zu geben. Ungeduldig schaute ihn der Dachs an, wobei er sich auf das Ufer des Flusses zubewegte. „Was ist denn mit dir los, kannst du vielleicht nicht reden?" Umständlich kam Berti näher an das Ufer heran. Der Dachs war aus der Sicht von Berti ziemlich groß, fast so groß wie er selber, außerdem hatte er etwas längere Beine und konnte sich an Land offensichtlich schneller bewegen. Als er Berti näher kommen sah rief er: „Na mach schon, ich beiße ja nicht!" Nun wurde Berti langsam sauer, die direkte, ungehobelte Art des frechen Dachses fing ihn an zu stören. Zielgerichtet kam er ans Ufer heran und stieg aus dem Wasser heraus. „Nah endlich, das dauerte ja." „Seien Sie doch nicht ganz so ungeduldig", sagte Berti. „Haben Sie es etwa eilig?" „Ach was, warum soll ich es denn eilig haben, irgendetwas muss man doch sagen, oder?" Na wenn Sie meinen, gab Berti zurück. „Um mich nun endlich vorzustellen", sagte er, „mein Name ist Berti, ich gehöre zur Gattung der Biber." „Ja schon klar", sagte der Dachs, „das sieht man dir ja auch an. Ich muss dir wohl nicht sagen, was ich bin oder?" Doch, ein fürchterlicher Frechdachs, wollte Berti schon am liebsten sagen, aber er riss sich zusammen. „Der Nase und Ihrer Fellzeichnung nach zu folgen, sind Sie wohl ein Dachs". „Haargenau, so einer bin ich und du hörst dich an wie so ein überkandidelter Stadtbiber". „Na hören Sie mal", erwiderte Berti, „Sie sind ja ganz schön frech. Ich bin doch kein Stadtbiber, schließlich wohne ich nur am Rande der Stadt. Und wenn schon, etwas zivilisiertere Manieren würden Ihnen auch nicht gerade schaden." Diesmal war wohl der Dachs verblüfft, denn für ein paar Augenblicke schaute er Berti nur an, ohne irgendeinen Ton zu sagen. Dann verfiel er in ein breites Grinsen und sagte: „Ja, ja, da hast du wohl recht. Hier draußen reden wir nicht so vornehm, dafür sind wir gastfreundlich und pflegen engere Beziehungen. Wie wär`s, wenn wir uns duzen?" Da der Dachs ihn ohnehin schon die ganze Zeit duzte, nahm Berti sein Angebot einfach an. „Wie heißt denn du eigentlich, bisher habe nur ich mich namentlich vorgestellt." „Stimmt, da hast du recht und bevor ich es gleich wieder vergesse, ich bin Franz, Franz der Tunnelgräber."

„Angenehm", antwortete Berti, wobei er fast ein schlechtes Gewissen bekam, denn er war sich eigentlich nicht so ganz sicher, ob er die Begegnung mit Franz dem Tunnelgräber wirklich als angenehm empfinden sollte oder nicht. Dennoch nahm er sich vor, bei seinen guten Manieren zu bleiben, daher entschied er sich, höflich zu sein. „Hast du denn schon was im Magen?" „Im Magen?". „Ja, im Magen, oder wo steckt sich denn ein Biber sonst sein Futter hin?" „Ach so meinst du das", gab Berti zurück. „Heute Morgen habe ich schon etwas gefrühstückt, aber inzwischen könnte ich schon fast wieder einen Happen vertragen." „Na dann komm doch ein kleines Stück mit mir in den

Wald hinein, mein Bau liegt ja nur einige Meter von hier entfernt und der ist wunderbar von verschiedenen Bäumen eingewachsen. Da ist sicherlich etwas nach deinem Geschmack dabei." Noch bevor er eine Antwort von Berti abwartete, schritt er selbstbewusst voran, um Berti zu seinem Bau zu führen. Berti trottete ihm etwas unwillig hinterher, völlig überzeugt hatte Franz der Tunnelgräber ihn noch nicht von seiner Idee. Für gewöhnlich hielt sich Berti immer so nah wie möglich am Wasser auf, aber der Dachsbau war tatsächlich nur einige Meter entfernt und im dichten Gestrüpp fühlte er sich eigentlich ganz gut geschützt. Nach nur wenigen Minuten waren sie am Dachsbau angelangt. Dort wuchsen wirklich allerlei Leckereien aus dem Boden heraus. Ein paar schöne saftige Birken, junge Buchen, eine mittelgroße Pappel und eine Eberesche hatten dort ihre Wurzeln in den Boden gestreckt. „Was sagst du dazu, Kamerad?", fragte Franz, „ist doch gar nicht so übel oder? Und nun hau rein!" Dies war die Art und Weise, in der Franz unserem Biber Berti einen guten Appetit wünschen wollte und da der sich langsam an den Slang von Franz gewöhnt hatte, sagte er höflich: „Danke, auch dir einen guten Appetit" und fing vorsichtig an zu knabbern. Als Vorspeise ge-

noss Berti die weichen Schösslinge der Pappel, die ihm herrlich schmeckten. Für den Hauptgang wendete sich Berti der jungen Buche zu, sie stand schon in vollem Saft und ihr herbes Aroma stieg Berti schon im Voraus in die Nase, Franz hatte nicht zu viel versprochen. Zum Dessert machte sich Berti an eine Birke. Die Ästchen der Birken schmeckten hervorragend. An den Zweigen hatten sich bereits Knospen gebildet und der süße Saft schmeckte herrlich in Bertis Mund. Genüsslich leckte sich Berti diesen nach dem Dessert ab. Während er so dasaß, bemerkte er, wie auch Franz sich ans Essen gemacht hatte. Bei ihm viel die Auswahl allerdings ein bisschen spärlicher aus. Er konnte lediglich ein paar Regenwürmer finden, die ihm aber auch nicht schlecht zu schmecken schienen, zumindest schmatzte er während des Essens beträchtlich und nach dem er die letzten unglücklichen Würmer runtergeschluckt hatte, rülpste er lange und geräuschvoll.
„Rüüüüüüüüüüüüüüüüüüüüüüüüüüülps!",
brach es aus ihm heraus. Berti wäre unter seinem braunen Pelz beinahe rot angelaufen, er wusste gar nicht mehr, wo er eigentlich hinschauen sollte. Aber Tunnelgräber Franz hatte mit seinem eigenen Verhalten überhaupt kein

Problem. „Na nu", sagte er, „was ist denn mit dir los, etwa schon fertig?" „Ja", entgegnete Berti, es hat auch wirklich wunderbar geschmeckt. „Tatsächlich, warum rülpst du dann nicht? Wenn uns Dachsen etwas gut geschmeckt hat, dann rülpsen wir erst mal ordentlich, danach fühlt man sich viel wohler. Mein Vater war ein recht ordentlicher Rülpser, er konnte fast zehn Sekunden am Stück rülpsen. Von meinem Onkel ganz zu schweigen, der rülpste teilweise bis zu fünfzehn Sekunden. Aber mein Großvater, der alte Frederick, war einfach ein unübertroffener Meister. Einmal, als er fast ein halbes Kilo Würmer in einer halben Stunde verspeist hatte, rülpste er sogar volle 30 Sekunden lang! Ein Eichhörnchen, welches auf einem tiefliegenden Ast direkt über unserer Höhle saß, wurde dabei sogar vom Ast gepustet." Mit diesen Worten richtete er sich stolz auf und blickte Berti direkt ins Gesicht. Berti fiel die Schublade runter, er konnte es einfach nicht glauben. Auf was für einen ungehobelten Waldbewohner war er denn hier gestoßen, der führte sich ja fast auf wie im Mittelalter! Ungläubig schüttelte Berti den Kopf und sagte: „Ich möchte ja nun wirklich nicht unhöflich sein, mein lieber Franz, aber Rülpsen gehört bei uns nicht zu den guten Sitten.

Das pflegen wir höchstens im Verborgenen zu tun und sollte es uns im Beisein eines Artgenossen oder anderen Tieres ausversehen einmal herausrutschen, so entschuldigen wir uns natürlich." „Ihr seid mir ja eine komische Sippschaft, ganz schön kompliziert ihr Biber", sagte Franz und schaute dabei ganz schön genervt.

Inzwischen war es früher Nachmittag geworden und der locker bewölkte Himmel hatte sich nun völlig zugezogen. Dunkelgraue Wolken ballten sich zusammen, gleichzeitig kam eine starke Brise auf, die anfing, kräftig an den Bäumen zu rütteln. Besorgt schaute Berti zum Himmel hinauf. „Ich glaube, es kommt ein Unwetter", sagte Berti. „Das war mir auch schon früher klar", antwortete ihm Franz, „was glaubst du wohl, warum die Würmer heute so nah an der Oberfläche waren." Mit diesen Worten fing es an, kräftig zu schütten. Es war, als ob der Himmel seine Schleusen geöffnet hätte, denn der Regen brauste nur so herab. Im Nu waren Berti und Franz völlig überschüttet. Die Bäume hatten noch kein Blätterdach gebildet, somit waren die beiden dem Regen ungeschützt ausgesetzt. Die Nässe passte Franz überhaupt nicht, angewidert schüttelte er sein Fell. Berti war dies wie immer egal, er war ja ans Wasser gewöhnt. Viel mehr Sorgen bereitete ihm der Donner, der nun laut und bedrohlich über ihn hinweg rollte. „Du liebe Zeit", sagte Berti, „ich muss jetzt unbedingt gehen, der Donner gefällt mir überhaupt nicht." „Bist du dir sicher, dass du nicht lieber hier bleiben willst?", fragte ihn Franz. „In meiner Höhle ist mehr als genug Platz für uns beide und die Tunnel sind so weitreichend und tief, dass du wirklich in Sicherheit bist." „Das ist zwar wirklich lieb", entgegnete Berti, „aber ich glaube, für heute bin ich genügend lange unterwegs gewesen. Für mich ist es wohl nun wirklich das Beste, so schnell wie möglich nach Hause zu kommen." Als Berti dies sagte, erleuchteten helle Blitze den Himmel. Skeptisch schaute ihn Franz der Tunnelgräber an und sagte schließlich: „Reisende soll man nicht aufhalten, wenn du das wirklich fürs Beste hältst…" Mit diesen Worten drehte er sich um und rief Berti durch Sturm und Regen zu: „Komm Kamerad, ich begleite dich noch wenigstens bis zum Fluss. Soll niemand sagen, wir Dachse hätten keinen Anstand." Schnellen Schrittes ging er voraus, Berti hatte alle Mühe, ihm nachzukommen. Ziemlich außer Atem kam er mit Franz am Flussufer an. „Vielen Dank für deine Begleitung, Franz, und ganz besonderen Dank für die Einladung zum Essen, das Mittagessen war wirklich vorzüglich." Keine Ursache, wollte Franz gerade eben sagen, aber so weit kam er nicht, denn in diesem Augenblick schoss ein Blitz vom Himmel herab, mitten in den Fluss. Zu beiden Seiten spritzte das Wasser weg und nach dem Einschlag krachte es laut. Franz und Berti starrten erschrocken aufs Wasser, an dessen Oberfläche nun ein toter Fisch mit dem Bauch nach oben schwamm und langsam abtrieb.

„Donnerwetter", sagte der Dachs, „wenn ich du wäre, würde ich jetzt lieber nicht ins Wasser steigen, das ist gefährlich. Gegrillter Fisch ist mir lieber als ein gegrillter Biber. Willst du nicht lieber doch in meine Höhle kommen?" Für dieses Mal brauchte Franz nicht viele Überredungskünste, genau genommen musste er Berti überhaupt nicht überreden! Denn kaum, dass der Tunnelgräber ausgesprochen hatte, machte sich Biber Berti so schnell er konnte auf den Weg und kam noch vor dem Dachs bei dessen Bau an.

Rund um den Eingang lag eine dicke Schicht brauner Blätter und quer über den Eingang hing eine Wurzel, die zu einem der umstehenden Bäume gehörte. Erst hier machte Berti halt, um sich nach Franz umzudrehen. Der folgte ihm auf den Fersen. „Nun Kamerad, kommst du mit rein?", fragte er. Natürlich war diese Frage nicht ernst gemeint, denn Franz wusste genau, wie die Antwort lauten würde. „Einfach immer schön dicht hinter mir, dann gehst du auch nicht verloren!", sagte Franz und führte Berti dann ins Innere seines Baus. „Normalerweise lade ich keine Gäste in meinen Bau ein, musst du wissen", erzählte er Berti, während dieser ihm in die Dunkelheit des Tunnels folgte. „Der Bau ist die einzige Sicherheit, die ich habe. Wenn es sich irgendwie vermeiden lässt, verlasse ich ihn nicht bei Tageslicht und wenn, dann nur, wenn ich ganz nah beim nächsten Eingang bin, so wie vorhin." Berti hörte Franz zu, sagte aber nichts. „Bist du noch da?", wollte Franz wissen. „Ja", erwiderte Berti kleinlaut. Die beiden waren nun schon mindestens fünf Minuten im Bau unterwegs und kamen immer tiefer, so wie es schien. Berti fand das ganz schön unheimlich. Unter Wasser zu sein, war ja schön und gut, aber unter Tage fühlte sich Berti nicht so wohl. Mit seinen guten Augen konnte Berti aber trotz tiefer Dunkelheit gut sehen, dies half ihm, die Fassung nicht zu verlieren. So schnell er konnte, wackelte er Franz hinterher, während dieser ihn immer noch tiefer ins Erdreich hinein führte. Einige Male kamen sie an anderen Tunneln vorbei, die in eine jeweils andere Richtung führten. Doch kein einziges Mal blieb Franz der Tunnelgräber stehen. Während Berti ihm viele, viele Meter durch den Tunnel folgte, kam er sich vor wie in einem Labyrinth, aus dem er sicherlich nicht mehr selber hinaus finden würde. Mit diesem Gedanken wurde ihm auch klar, warum sich Franz der Tunnelgräber nannte. „Wie lange geht das denn noch so?", wollte Berti von Franz wissen. „Ich bin langsam müde. Mindestens fünfzig Meter bin ich dir nun durch den Tunnel gefolgt, ohne noch irgendeine Ahnung zu haben, wo ich eigentlich bin. Kommen wir heute noch an?" „Na nu, schon müde?", wollte Franz wissen. „Klar bin ich langsam müde", gab Berti mürrisch zurück. „Ich bin ein Biber, kein Dachs und als Biber bewege ich mich vor allen Dingen im Wasser". „Schon gut, Kamerad", sagte Franz. „Wir kommen gleich in eine schöne große Kammer, in der genug Platz für uns beide ist." Berti musste noch mindestens weitere zwanzig Meter hinter Franz herdackeln, aber dann war es geschafft. Franz brachte Berti in eine schöne große Kammer, deren Boden wunderbar weich mit getrocknetem Gras ausgepolstert war.

„Hier sind wir", sagte er zu Berti. Dabei schaute er stolz in der ganzen Kammer herum. „Gefällt es dir denn?", wollte er wissen. Berti sah sich vorsichtig um, die Kammer sah alles andere als ungemütlich aus. Sie bot beiden genügend Platz, um sich lang und breit auszustrecken. Auch die Höhe war durchaus akzeptabel, Berti hätte sich problemlos auf die Hinterbeine stellen können, ohne dabei die Decke mit dem Kopf zu berühren. „Das hast du wirklich gut gebaut", sagte Berti anerkennend. „Eine sehr geräumige, gut gepolsterte Kammer." „Nicht wahr?", antwortete Franz. Da lässt es sich doch gutgehen. Nur, um ganz ehrlich zu sein, geht dieser Bau nicht allein auf meine Rechnung. Auch wenn ich natürlich meinen guten Teil dazu beigetragen habe und viele weitere Tunnel und Kammern gegraben habe. Aber alles in allem haben wir viele Generationen lang an diesem Tunnelsystem gegraben. Vor mir haben mein Vater, Großvater, Urgroßvater, Ururgroßvater, Urururgroßvater, Ururururgroßvater, Ururururgroßvater, Ururururururgroßvater und Urururururururgroßvater sich mit voller Leistung ins Erdreich gegraben. Berti schaute Franz verwundert an. „Wieso das denn, baut bei euch nicht einfach jeder für sich selbst? Bei uns Bibern ist das so. Man baut höchstens noch zusammen mit seiner Frau, aber so viele Generationen bauen bei uns nicht an einem Bau. Wozu soll das denn gut sein?" „Na siehst du denn nicht, wie viele Zimmer ich hier habe und wie viele Tunnel mir zur Verfügung stehen? Außerdem ist das, was du gesehen hast, auch erst der Anfang. Wir befinden uns hier im Westflügel, dabei verfügt der Gesamte Bau aber auch noch über einen Süd-, Nord- und Ostflügel."

„Würden dir denn nicht auch ein paar Zimmer weniger reichen?", fragte Berti. „In meinem Bau habe ich gerade mal zwei Zimmer und ich bin völlig zufrieden damit." „Das wäre keine Lösung für einen Dachs wie mich. Immerhin bin ich an die Größe meiner Behausung gewöhnt. Aber das ist nicht der Hauptgrund. Allein dieser Bau hat zwölf verschiedene Eingänge und das ist auch nötig, aus Gründen der Sicherheit. Wir Dachse haben erbitterte Feinde, die uns nach dem Leben trachten, daher sind wir auf unser Tunnellabyrinth angewiesen. Die verschiedenen Eingänge in alle Richtungen sind deshalb nötig, weil wir immer einen Eingang in unserer Nähe haben wollen. Denn nur unter der Erde sind wir sicher. Wenn wir aber unter der Erde leicht zu finden wären, könnten wir uns auch unter der Erde nicht wohl fühlen und müssten immer um unser Leben bangen." Berti fing an zu begreifen, wozu der ganze Aufwand nötig war. Zum Glück konnte er seinen Eingang unter Wasser anlegen, damit blieb er für andere unerreichbar. Aufmerksam blickte er Franz den Tunnelgräber an, der nun sehr ernst und ruhig war. „Was hast du denn, Franz?", wollte Berti besorgt wissen. „Ach weißt du", sagte Franz, „ich muss einfach gerade daran denken, wie traurig es doch ist, dass auch die vielen Tunnel und Kammern keine hundertprozentige Sicherheit bieten. Doch für den Moment sollten wir beiden hier sicher sein."

Für eine Weile saßen Berti und Franz ganz still nebeneinander. Der Duft des getrockneten Grases stieg Berti in die Nase und weckte in ihm Wohlbehagen. Das weiche, trockene Polster wurde bald warm unter ihm, entspannt legte er sich hin. „Sag mal Franz, wie hast denn du das vorhin mit der Sicherheit gemeint, wieso fühlst du dich hier nicht vollkommen sicher? Wer soll sich in diesen vielen Gängen denn schon auskennen, wenn er nicht gerade eine Karte für dieses Labyrinth hier hat? Wenn ich du wäre, würde ich mich hier ziemlich sicher fühlen. So tief unter der Erde und ganz versteckt, da kann einen doch keiner finden."

„Wenn du wüsstest", seufzte Franz. „Vor etwa zwei Monaten habe ich das auch noch gedacht, aber heute denke ich anders darüber." „Wieso, was ist dir denn passiert?" Berti wurde immer neugieriger. „Willst du das denn wirklich wissen?", versicherte sich Franz. „Es ist nämlich eine lange und traurige Geschichte, die mir keinen Spaß macht." „Wenn du es mir erzählen magst", meinte Berti, „dann höre ich dir gerne zu." Mit einem tiefen Atemzug und einem lauten Seufzer bereitete sich Franz auf seine Erzählung vor und begann schließlich. „Vor etwa anderthalb bis zwei Monaten habe ich noch nicht alleine in diesem Bau hier gehaust. Sondern ich lebte hier mit meiner Frau, ihr Name war Franziska. Franziska war eine wunderbare Frau mit schönen dunklen Augen und einer hübschen schwarz-weißen Stubsnase. Franziskas Manieren waren um Welten besser als meine. Oft tadelte sie mich, wenn ich zu fremden Leuten zu frech war oder zu direkt. Aber sie tat es immer in einer Art und Weise, die mir das Herz in der Brust warm werden ließ. Sie sagte mir immer: *Mein lieber Franz, du bist doch so ein gescheiter und geschickter Dachs, der mir immer die feinsten Leckerbissen findet und mir eine wunderschöne Behausung geschenkt hat. Da passt es doch nicht zu dir, wenn du dich Fremden gegenüber unhöflich benimmst. Bitte sei höflich!* Dabei sah sie mich so liebevoll an, dass ich gar nicht anders konnte, als nur die allerbesten Manieren an den Tag zu legen. Sie hat sich dann immer sehr über mich gefreut und sagte mir, wie stolz sie darauf sei, mit so einem wunderbaren Dachs wie mir verheiratet zu sein. Sie sah immer nur das Beste in mir. In den kalten Wintermonaten kuschelten wir uns in Franziskas Lieblingskammer zusammen, um uns gegenseitig Wärme zu geben. Dabei erzählten wir uns von unseren Träumen, wie viele Kinder wir einmal haben werden und welches Kind welchen Namen bekommt. Sogar über die Gestaltung der Kammern dachten wir schon nach. Franziska wollte rotbuntes Laub für die Mädchen als Unterlage und ich war für Grau- und Grüntöne bei den Jungs. So sahen wir gemeinsam voller Zuversicht in die Zukunft und waren sehr glücklich miteinander.

Als der Winter sich dem Ende zuneigte, wurde Franziska sogar schwanger. Wir konnten es kaum aushalten, die Geburt abzuwarten, so gespannt waren wir. Franziska meinte, es müsste mindestens ein Mädchen dabei sein und ich glaubte an einen Jungen. Während der Schwangerschaft habe ich Franziska jeden

Wunsch von den Augen abgelesen und oft an ihrem kugelrunden Bauch gelauscht, ob man irgendetwas hören könnte. Ende Februar sagte mir Franziska, dass wir jeden Tag mit der Geburt rechnen müssten. Jedoch sollte es noch ein bisschen länger dauern, denn auch am ersten März hatte sie unseren Nachwuchs noch nicht zur Welt gebracht. An einem schönen Märztag, wenige Tage später, als die Sonne am Morgen in einen unserer Tunnel schien, war es dann so weit. Franziska lag in den Wehen. Aufgeregt ging ich in den Gängen hin und her, ohne genau zu wissen, was ich tun sollte. Da ich Franziska nicht viel helfen konnte und auch viel aufgeregter war als sie, ging ich immer ein wenig hin und her. Dabei kam ich ein bisschen mehr an die Oberfläche und hörte plötzlich Stimmen vor unserem Bau. Der Schock ließ mir fast das Blut in den Adern gefrieren, es waren Menschen vor unserem Bau! Zuerst überlegte ich mir, Franziska Bescheid zu sagen, aber ich wollte sie nicht beunruhigen. Doch noch bevor ich mich entscheiden konnte, hörte ich wie ein Mann schrie: *Los Cäsar, hol dir den Dachs!* In diesem Moment kam mit großer Geschwindigkeit ein Hund von der Art der Terrier auf mich zugeschossen. Am Anfang versuchte ich, tiefer in den Tunnel einzudringen, aber damit hätte ich ihm ja Franziska überlassen. Als mir dies klar wurde, drehte ich mich um und entschied mich, gegen den Angreifer zu kämpfen. Verschwinde hier, du kommst hier nicht vorbei, schrie ich ihn an. Aber er war blind vor Hass. Ohne auch nur eine Sekunde zu zögern, stürzte er sich auf mich und versuchte, mir in Hals und Kopf zu beißen. Wir kämpften einen schrecklichen Kampf, bei dem der Hund und auch ich viel abbekamen. Dem Hund hatte ich ein Ohr abgerissen, wobei er mir zwei Mal richtig fest in Kopf und Hals biss. Wir bissen uns auch gegenseitig in die Brust und bluteten stark, aber obwohl ich ihm mehrmals ein Friedensangebot machen wollte, hörte er nicht auf, mich anzugreifen. Er war einfach blind vor Hass und rief mir immer wieder zu, er ließe sich von mir nicht anlügen, ich sei sein Feind. Dies hatte ihm sein Herrchen gesagt. Obwohl auch er immer schwächer wurde, dachte er nicht ans Aufhören. Mir blieb nur noch eine Möglichkeit übrig, um ihn von Franziska fern zu halten. Ich lockte ihn in eine geschlossene Kammer, in die er mir auch blind vor Hass folgte und fing schnell an, ihn einzugraben. Am Anfang biss er mich immer wieder ins Bein, aber in meiner Verzweiflung grub ich sehr schnell, sodass er mehr und mehr von Erde überhäuft war. Nach wenigen Minuten hatte ich ihn eingegraben und er konnte nicht mehr hinaus. Das Graben hatte mich sehr angestrengt, da ich ganz schön viel Blut verloren hatte. Aber meine Sorge um Franziska gab mir die Kraft, den Weg im Tunnel zurück zu gehen, um nach ihr zu schauen. Doch wie ich in ihrer Kammer ankam, war sie nicht mehr da. Nichts als Verwüstung war dort zu finden, die eindeutig auf einen Kampf hindeuteten. Auf dem Boden waren überall Blutspuren, von denen ich nicht wusste, woher sie kamen. Mein Herz raste so sehr, dass mir schwindelig wurde. Zitternd am ganzen Körper folgte ich der Spur, bis ich fast am Ende des Tunnels war. Wie ich um die Kurve kam, sah ich Franziska. Ein Hund hatte sich in ihrem Hals festgebissen und so im Würgegriff aus dem Tunnel gezerrt. Noch bevor ich ihr zur Hilfe kommen konnte, hörte ich einen Mann rufen: *Gut gemacht Nero!* In diesem Moment griffen Männerarme in den Tunneleingang und zogen Nero an den Hinterbeinen heraus. Der ließ meine arme Franziska sogar dann nicht los. Ein letzter flehender Blick von ihr traf mich, als sie mit einem Ruck aus dem Tunnel gezogen wurde. Mein Schmerz war unbeschreiblich und obwohl ich nichts mehr fürchte als die Menschen, folgte ich ihr fast bis an den Ausgang. *Cäsar fehlt!*, rief eine andere Männerstimme. *Ich höre ihn jaulen!*, antwortete die andere. *Er ist eingegraben, wir müssen ihn herausschaufeln. Ruf schnell Kurt an, wir brauchen Hilfe!*, rief der erste wieder und beide fingen zu graben an. In der Zwischenzeit lag Franziska völlig leblos da, während Nero ihr begeistert das Blut vom Hals leckte. Wie benommen vor Wut und Schmerz saß ich da. Ich wusste nicht mehr, was ich machen sollte. Für die Zeit hatte ich kein Gefühl mehr, sie verging einfach irgendwie und irgendwann tauchte dann dieser Kurt auf. Als er sich alles angesehen hatte, fing er schnell an zu graben. Irgendwann stießen sie auf Cäsar, der aber in der Zwischenzeit in der Kammer erstickt war. Zunächst sagten die Männer gar nichts, als der tote Cäsar an Kurts Hand baumelte. Aber dieser rief plötzlich zornig aus: *Warum habt ihr denn das gemacht? Jetzt ist der arme Hund tot und das wozu? Nur damit ihr beiden wieder euren grausamen Spaß habt!* Zunächst sagte keiner etwas, doch dann sagte Neros Herrchen: *Wir wollten doch nur diesen verflixten Dachs unschädlich machen.* Dabei hörte er sich aber nicht mehr ganz so mutig an wie am Anfang. *Unschädlich ma-*

chen, wem hat der denn hier mitten im Wald geschadet?, schrie nun Kurt aus vollem Hals. *Na das gehört eben zu unseren Weidmännischen Traditionen, wir haben das Jagen im Blut.* Dabei räusperte er sich unangenehm. *Das Jagen im Blut, aber nichts im Kopf!*, gab Kurt ärgerlich zurück. Von den anderen war nun kein Laut mehr zu hören. *Zu unseren Grundsätzen gehört auch, dass wir den Schöpfer im Geschöpf ehren sollen. Wenn es einen Schöpfergott gibt, woran ich glaube, dann macht ihr ihm gerade keine Ehre!* Dabei ging er auf Franziska zu und hob sie vom Boden auf. In diesem Moment sah ich, dass noch Leben in ihren Augen war und wünschte mir vor lauter Schmerz und Verzweiflung selbst den Tod. *Den Dachs bringe ich jetzt zum Tierarzt und ihr verschwindet hier von diesem Bau und verschont mir den zweiten Hund. Bei der nächsten Jagdversammlung werde ich einmal wieder auf unsere Satzungen hinweisen, die euch offenbar nichts wert sind.* Mit diesen Worten ging er weg und nahm Franziska mit sich. Seit dem habe ich sie nicht mehr gesehen."

Lange saßen Berti und Franz still nebeneinander, ohne ein Wort zu sagen. Berti spürte einen dicken Klos im Hals und als er zu Franz hinüber schaute, sah er, wie ihm dicke Tränen über die Wangen rollten. Auch Berti konnte seine Tränen nicht länger zurückhalten, so traurig war er über die Geschichte und den Schmerz, der Franz so tief in der Brust saß. Eine ganze Weile heulten sie still, bis Franz schließlich das Schweigen brach. „Was soll man denn da machen Berti? Ich kann doch jetzt überhaupt nichts tun, außer nur einfach abwarten, was die Zeit mir bringt. Seit Franziska nicht mehr bei mir ist, wage ich mich sogar tagsüber an die Oberfläche, so wenig wert ist mir das Leben noch. Sonst hättest du mich bei Tageslicht gar nicht vor meinem Bau angetroffen. In meiner Lage ist es mir doch nicht mehr so wichtig, was aus mir wird." Berti war stumm und dachte nach, er wusste nicht, was er Franz antworten sollte. Lieber wollte er gar nichts sagen, als dumme Ratschläge zu geben. Das war das Letzte, was Franz nun gebrauchen konnte. Von echtem Mitleid bewegt überlegte er krampfhaft und ertappte sich plötzlich, wie er innerlich leise betete, Gott möge ihm doch die richtige Antwort einfallen lassen. Da fiel ihm tatsächlich etwas ein. „Weißt du was Franz, es war zwar ein etwas anderer Fall wie bei dir, aber vor gut einem halben Jahr war ich auch einmal in der Klemme", und da erzählte er Franz die Geschichte von den drei kleinen Füchsen, die ihre Mama nicht mehr finden konnten. „Am Anfang wusste ich überhaupt nicht, wo ich suchen sollte. Da habe ich Gott gebeten mir zu helfen, den kleinen Füchsen zu liebe. Zwar wusste ich dann noch immer nicht, wo ich suchen sollte, traf aber einige Zeit später zwei Bekannte, die mir einen Hinweis gaben. Letzten Endes habe ich die Füchsin gefunden und ich konnte sie sogar befreien."

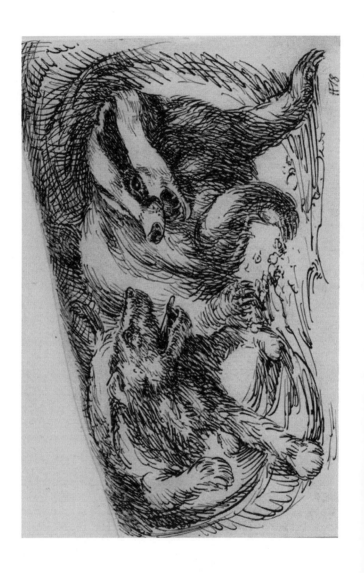

„Klingt ja alles schön und gut", sagte Franz, „aber meinst du nicht, das war ganz einfach Zufall? Wahrscheinlich wären dir die beiden sowieso begegnet. Mir hat jedenfalls keiner geholfen, als ich wochenlang schwer verwundet mit dem Tod gerungen habe. Was mir zur Hilfe kam, war meine Wut und mein Hass. Ich dachte mir, wenn ich überlebe, werde ich den nächsten Köter, der in meinen Bau kommt, sofort in Stücke reißen. Dieser Gedanke ließ mich irgendwie durchhalten. Nun habe ich überlebt, bin aber nicht mehr so sicher, ob es das Beste für mich war. „Hast du es denn mal versucht mit dem Beten?", wollte Berti wissen. „Nein", gab der Dachs zurück. Mein Vater sagte immer: „Hilf dir selbst, so hilft dir Gott. Er hat mir beigebracht, an die Kraft in mir selbst zu glauben." „Davon scheint aber nicht mehr sehr viel übrig zu sein", gab Berti zurück, ohne Franz dabei im Geringsten beleidigen zu wollen. Franz war auch nicht beleidigt, sondern einfach nur sehr betroffen und gab Berti sogar Recht. „Gibt es denn irgendetwas, was ich für dich tun kann, Franz?", wollte Berti wissen. „Nein, ich glaube nicht", meinte Franz. Mit deiner Gesellschaft hast du mich zumindest für eine Weile von meinen trüben Gedanken abgelenkt."

Berti fühlte sich nach der Geschichte von Franz wirklich deprimiert, ihm war, als ob eine schwere Last auf seinen Schultern lag. Heimlich und leise fing Berti in seinem Herz an zu beten: „Lieber Gott, du hast mir schon einmal geholfen, als ich nicht mehr weiter wusste. Jetzt möchte ich dich durch deinen Sohn Jesus bitten, dass du auch Franz hilfst. Du siehst ja, wie traurig und ratlos er ist, amen." Danach fühlte sich Berti etwas besser und sagte zu Franz: „Hey Franz, sollen wir mal wieder einen Blick nach oben werfen? Vielleicht hat es ja inzwischen mit Regnen aufgehört, es ist schon ganz schön viel Zeit vergangen. „Du hast recht Berti, lass uns mal nach oben gehen." Franz führte Berti an die frische Luft, die Berti so frisch wie noch nie vorkam. Beide setzten sich neben den Eingang der Höhle und ließen sich den Wind um die Nase wehen, der immer noch fest blies. Dabei knackte und raschelte es überall. Der Wind brachte aber nicht nur die Bäume und das Gestrüpp in Bewegung, sondern hatte auch sämtliche Wolken vom Himmel weggeweht, sodass nun alle Sterne klar und hell in die Nacht hinein funkelten. „Schau mal, wie schön die Sterne heute leuchten", stieß Berti Franz seitlich an. Franz ließ seinen Blick über den Himmel gleiten, „ja, wirklich schön. Man fragt sich, wie die alle an ihre Stelle kamen und wie lange sie wohl schon da hängen", rätselte Franz. „Eines weiß ich jedenfalls sicher", setzte er seine Rede fort. „Die Sterne gibt es schon viel länger als uns zwei, mein Großvater kannte sie nämlich auch schon. Genauso, wie sie hier heute am Himmel stehen. Das da oben ist der große Wagen, siehst du ihn?" Berti schaute angestrengt in die Nacht. „Nein, was denn für ein Wagen?" „Dort drüben", erklärte Franz. „Da, wo drei ganz hell leuchtende Sterne eine Linie bilden, das nennt man die Deichsel. Hinter der Deichsel hängt der Wagen, er hat eine Form wie ein Trapez und wird von vier weiteren Sternen gebildet." Berti versuchte, genau dahin zu schauen, wo Franz hindeutete und tatsächlich sah er sie. Sieben hell funkelnde Sterne, die wie Juwelen am Nachthimmel glänzten. Auch den Wagen konnte er sehen, sobald er die besonders hellen Sterne entdeckt hatte. „Wow", brach es aus Berti hervor, so habe ich den Nachthimmel ja noch nie gesehen. „Das ist eines der schönen Dinge an der Nacht", gab Franz zurück. Je dunkler die Nacht, desto heller leuchten die Sterne und so lange sie leuchten, wird es niemals ganz dunkel". Lange schauten die beiden noch so zum Himmel hinauf und Franz erklärte Berti noch viele Sternbilder, bis sie schließlich hungrig wurden und miteinander aßen. Berti knabberte an Bäumen und Sträuchern und Franz fraß Würmer, das taten sie, bis sie beide satt waren. Danach gingen sie wieder zurück in den Bau und schliefen in der schön gepolsterten Kammer ein. Im Traum zählte Berti die Sterne weiter und versuchte, allen einen Namen zu geben.

Auch Franz hatte einen Traum. Er wanderte lange durch den Wald, um Franziska zu suchen, konnte sie aber nicht finden. Er sprach viele Tiere des Waldes an, viele von ihnen gaben ihm einen Hinweis, wo sie Franziska zuletzt gesehen hatten und mit wem. Aber immer, wenn er an den zuletzt genannten Ort kam, war Franziska nicht mehr da. Franz wurde ganz verzweifelt, weil er immer dann an den Orten ankam, wenn Franziska gerade weitergezogen war. Den letzten Hinweis bekam er von einem Marder, der ihn zu einer Biberburg schickte. Als er völlig erschöpft und müde dort ankam, rief er nach dem Biber, der auch bald aus seiner Burg kam, um mit Franz zu sprechen. Der Biber sah aus wie Biber Berti. Er hatte ein freundliches Gesicht und sah Franz mit großen mitleidigen Augen an. Franz fragte ihn nach Franziska, wurde aber wieder enttäuscht und brach in lautes Schluchzen aus: „Tröste dich lieber, Franz", sprach der Biber. „Du und Franziska seid nicht vergessen, es gibt einen, der über euch wacht und euch liebt." Dabei ging er auf Franz zu und schloss ihn in die Arme. „Ihr beiden seid unvergessen, es ist noch nicht zu spät", sagte ihm der Biber. In diesem Moment fühlte sich Franz wie von einer warmen Welle durchspült und fing zum ersten Mal wieder an, Hoffnung in seinem Herzen zu spüren. Dann wachte er auf.

Franz und Berti werden Freunde

Langsam und gleichmäßig gingen die Atemzüge von Berti, der neben ihm lag. Seine Anwesenheit war für Franz zu einer Quelle des Trostes geworden. Berti war bereit, seiner Geschichte aufmerksam zuzuhören und Franz merkte gleich, wie tief und ehrlich Bertis Mitgefühl für ihn war. Nicht, dass er auf Mitleid aus war, Mitleid konnte ihm nicht helfen. Aber das Gefühl, sein Leid teilen zu können, halbierte es tatsächlich und es war ihm, als ob sich die Verkrustungen in seiner Seele ein ganzes Stück gelöst hätten. Er hatte sogar das Gefühl, wieder tiefer und befreiter atmen zu können und der Druck, den er immer auf seiner Brust spürte, war leichter geworden. All dies ging ihm durch den Kopf, als er Berti neben sich schlummern sah. Von einem tiefen Gefühl der freundschaftlichen Zuneigung erfasst, gab er Berti einen sanften Schubs mit seiner Nase, um ihn aufzuwecken. Dies wiederholte sich zwei oder drei Mal, bis Berti endlich aufwachte. „Guten Morgen, Berti mein Freund, hast du gut geschlafen?" Berti sah ihn noch immer schläfrig an. Dann reckte und streckte er sich nach allen Seiten, bevor er ein lautes Gähnen von sich gab. „Ahahahahahahahahahahahahahahahahahahahahahahahahahaha, guten Morgen Franz, warum weckst du mich denn schon?" „Schon ist gut, ich dachte es wäre an der Zeit, oder möchtest du den ganzen Tag durchschlafen?" „Wieso den ganzen Tag, ist es denn schon Tag?" „Und ob mein lieber, helllichter Tag sogar. Bald ist es wohl schon Mittag." „Kann doch wohl nicht sein, mir kommt es vor, als wäre ich gerade erst eingeschlafen. Aber irgendwie knurrt mir schon wieder der Magen, ich denke, ich könnte Frühstück vertragen." „Ich auch, lieber Freund", sagte Franz. Wie wäre es mit einem schönen Frühstück an der frischen Luft, direkt vor meinem Bau?" „Hört sich gut an!", kam es von Berti zurück. Sogleich marschierte Franz voraus an die frische Luft und Berti wackelte ihm munter hinterher. Lange und ausgedehnt gaben sich die beiden ihrem Frühstück hin. Berti machte sich an die Äste einer Pappel und Franz suchte wie immer nach Regenwürmern. Nach einer Weile lauten Schmatzens fragte Franz: „Hey Berti, hast du Lust auf einen Nachtisch? Auf der Westseite meines Baus steht eine riesige Eiche, unter ihr sind noch jede Menge Eicheln zu finden, sollen wir hin?" „Au ja, Eicheln hatte ich schon lange nicht mehr", jubilierte Berti. Ohne ein Wort der Erklärung sagen zu müssen, führte Franz Berti quer durch den Bau, bis sie auf der Westseite ankamen. Dort stiegen sie gemeinsam nach oben und fanden Eicheln in Hülle und Fülle. Berti machte es inzwischen großen Spaß, laut mit Franz zu schmatzen. Schließlich waren sie ja beide Männer und außerdem Freunde unter sich, in Gegenwart von Außenstehenden wäre dies natürlich nicht möglich gewesen. In Gegenwart von Franz hatte Berti aber keine Mühe damit und gab sich ganz dem Schlemmen hin. Nach sie Eicheln in Hülle und Fülle gegessen hatten, tat ihnen sehr der Bauch weh. Sie waren auch wirklich zum Platzen voll, keine einzelne Eichel hätten sie mehr vertilgen können, ohne dass es ihnen schlecht dabei geworden wäre. Franz wollte sich schon mit einem lauten Rülpser Erleichterung verschaffen, hielt aber sofort die Pfote vor seinen Mund, um Berti nicht in Verlegenheit zu bringen. Berti merkte es und konnte ein vergnügtes Grinsen nicht verbergen. „Luft im Bauch?", fragte er Franz belustigt?" „Ja, aber die lass ich diesmal nur leise und in kleinen Portionen wieder nach außen", lachte Franz. Dabei bemerkte Berti, wie verändert seine Stimme war. Franz hörte sich nicht mehr so forsch und rau an. Seine Stimme hatte einen viel freundlicheren und weicheren Ton angenommen. Eine Veränderung, die Berti innerlich große Freude bereitete.

Weiche Sonnenstrahlen schienen auf Franz und Berti herab, während sie so vor dem Bau saßen, als Berti schließlich sagte: „Über einen Tag habe ich nun schon bei dir verbracht, Franz, und ich muss sagen, ich habe deine Gastfreundschaft sehr genossen. Du hast mich wunderbar mit allem versorgt, habe ganz herzlichen Dank dafür. Jetzt ist es aber langsam an der Zeit, wieder nach Hause zu gehen, eigentlich wollte ich ja nur einen kurzen Ausflug machen und am Abend wieder zurück sein." Franz schaute Berti nicht an, als er antwortete, weil er nicht wollte, dass Berti die Enttäuschung auf seinem Gesicht sah. „Mir warst du wirklich sehr willkommen, Berti, du hast mir Abwechslung verschafft und es tat mir gut, mit jemandem reden zu können. Warum musst du denn schon wieder zurück?" „Ach weißt du", sagte Berti, „mir ist einfach nicht ganz wohl, wenn ich nicht weiß, ob zu Hause alles in Ordnung ist. Wer weiß, vielleicht ist ja sogar schon ein anderer Biber in meine Burg eingezogen." Wie Berti dies sagte, lachte er scherzhaft. Franz konnte ihn gut verstehen, wollte ihn aber ungern ziehen lassen. „Weißt du was?", fragte Franz. „Meine Mutter sagte früher immer: Nach dem Essen soll man ruhen." „Bleib doch noch auf ein kurzes Mittagsschläfchen und danach machst du dich auf den Heimweg. „Das ist eine gute Idee, ein kleines Erfrischungsschläfchen kann nicht schaden." „Gut für die Schönheit ist es auch", lachte Franz und zusammen gingen sie in die schön gepolsterte Kammer, in der sie auch schon in der Nacht weich und sicher geschlafen hatten. Dort streckten sie ihre Bäuche in die Luft und schliefen laut schnarchend.

Nach etwa einer Stunde wachte Berti wieder auf, Franz schnarchte noch immer. Berti mochte ihn ungerne wecken, hatte aber auch das Gefühl, er sollte nun wirklich langsam aufbrechen. Unentschlossen setzte er sich hin und überlegte, was er nun tun solle. Während Berti mit Franz nach Eicheln gesucht hatte, konnte er immer wieder ein Eichhörnchen beobachten, das mit derselben Tätigkeit beschäftigt war. Vielleicht konnte Berti bei ihm einen Gruß hinterlassen, damit er Franz nicht wecken musste. Entschlossen machte er sich auf den Weg zum Westausgang. Als er aber dort angekommen war, konnte er das Eichhörnchen nicht mehr finden. Enttäuscht ging er zurück, wobei er sich zwei Mal verlief. Mit Mühe und Not konnte er Franz durch sein Schnarchen wieder finden. Als er versuchte, lautlos in die Kammer zu schleichen, konnte er ein leises Rascheln nicht vermeiden. Obwohl er sich viel Mühe gab, raschelte er doch laut genug, um Franz aufzuwecken. Schnell wachte er auf und drehte sich dabei zu Berti herum. Franz war überrascht als er sah, wie munter ihn Berti schon anschaute. „Du bist wohl etwas früher wach geworden, was?" wollte er von Berti wissen. „Ja, das stimmt. Mir steckt wohl schon die Rückreise in den Knochen." „Klar, das verstehe ich. Soll ich dich denn noch nach draußen begleiten?" „Gern, würde mich freuen", sagte Berti. Langsam ging Franz ihm voran und brachte ihn sogar bis zum Ufer des Flusses, obwohl er da eigentlich nie hin ging. „Hier sind wir, Berti, hast du es denn weit bis nach Hause?" Nicht allzu weit, auch wenn wir nun schon Nachmittag haben, so werde ich doch sicher am Abend daheim sein." „Das ist dann ja nicht gerade eine Weltreise für dich, oder?" „Nein, das ist es nun wirklich nicht. Obwohl es hier tief im Wald schon ganz anders ist, als bei uns." „War das nicht eine schöne Abwechslung für dich, Berti?" „Doch, das war es. Abgesehen von dem Schrecken, den mir das Donnerwetter und der Blitzschlag verpasst haben, war es eine sehr schöne Abwechslung. Hab mich richtig gefreut, dich kennen gelernt zu haben, Franz." „Kommst du denn mal wieder bei mir vorbei?" „Auf jeden Fall komme ich wieder, ich will ja schließlich wissen, wie es dir geht!" Verlegen standen Berti und Franz nun voreinander. Franz schaute unentschlossen auf seine Pfoten und Berti aufs Wasser. Berti war schon mit beiden Pfoten ins Wasser gestiegen, als er sich plötzlich wieder umdrehte und auf Franz zuging, um ihn in den Arm zu nehmen. Franz stand etwas steif da, Herzlichkeiten wie diese war er nicht gewöhnt. Trotzdem freute er sich, auch wenn er es nicht so zeigen konnte. „Mach`s gut", sagten die beiden noch einmal zueinander. Danach stieg Berti ins Wasser und schwamm davon. Franz sah Berti so lange hinterher, wie er ihn sehen konnte, erst dann machte er sich auf den Weg zurück in seinen Bau. Berti gingen allerlei Gedanken durch den Kopf, als er so den Fluss hinunter trieb. Die Sonne war fast schon wieder verschwunden und die Luft wurde bereits etwas kühler. Berti konnte seine Gefühle noch gar nicht so richtig einordnen. Er fühlte sich traurig und froh zugleich und als ihm dies klar wurde, war er überrascht. Am Anfang hätte er sich niemals vorstellen können, sich jemals über die Bekanntschaft mit Franz zu freuen. Alleine aus Höflichkeit und um seinen guten Manieren treu zu bleiben, hatte er nicht auf der Stelle kehrt gemacht und Franz unter dem Schatten eines Baumes zurück gelassen. Nun war er froh, sich in dieser Hinsicht selbst treu geblieben zu sein. Denn jetzt im Rückblick war dieses Verhalten genau das Richtige. Berti entschied sich daher, auch in Zukunft, wann immer möglich, höflich und freundlich sein zu wollen, auch wenn es ihn etwas Mühe kosten sollte.

Der Heimweg verlief ohne irgendwelche Besonderheiten. Berti war mit Anbruch der Nacht seiner Burg schon ziemlich nahe gekommen, hatte aber plötzlich überhaupt keine Eile mehr. Ruhig und langsam schwamm er den letzten

Abschnitt des Flusses hinab. Dabei sah er immer zum Himmel hinauf, um zu sehen, ob er den großen Wagen finden konnte. Leider aber war der Himmel an diesem Abend nicht so klar wie am Abend zuvor, sodass Berti seinen Blick wieder enttäuscht aufs Wasser richtete. Als seine Burg vor ihm auftauchte, sah er sie mit Gleichgültigkeit an und tauchte nach dem Eingang. In der Burg angekommen, merkte er auf einmal, wie leise es hier war und plötzlich wurde ihm bewusst, was er den ganzen Winter vermisst hatte. Die Art und Weise, wie Franz von Franziska gesprochen hatte, hinterließ einen tiefen Eindruck bei Berti. Franz hatte Franziska von Herzen lieb und genoss jede Minute mit ihr. So eine Beziehung wollte Berti auch gerne haben. Wie sehr musste es Franz doch bedrücken, Franziska verloren zu haben und mit ihr all die Träume und Hoffnungen, die sie zusammen hatten. Erneut sprach Berti ein leises Gebet in seinem Herzen für Franz und Franziska und diesmal auch für sich. Erst dann legte er sich zum Schlafen hin.

Berti packt das Reisefieber

Am anderen Tag verließ Berti den Bau am frühen Vormittag, es war schönes, sonniges Wetter und die Vögel sangen buchstäblich um die

Wette. Berti suchte sich sein Frühstück aus Pappel- und Weidenästen zusammen, die nun schon kleine Blättchen geschoben hatten, und ließ sich dabei die Sonne auf den Pelz scheinen. Als er das Ufer beobachtete, bemerkte er, dass das Gras schon um einige Zentimeter gewachsen war. Zwischen dem grünen Gras entdeckte er einen Maulwurfshügel, den er vor zwei Tagen noch nicht gesehen hatte und wunderte sich, wo wohl der Verursacher dieser Veränderung steckte.

Berti hatte bisher persönlich noch keinen Maulwurf angetroffen, wusste aber von seiner Mutter, was es für Tiere waren. Nachdenklich schaute er den Hügel an und fragte sich, wie es wohl seinen Eltern gehe. Er erinnerte sich an die Reise, die er vor rund einem Jahr gemacht hatte, als er hierhergekommen war und wie schwierig es gewesen war, einen unbesiedelten Platz zu finden. In Biberach angekommen, empfand er eine große Erleichterung, als er etwas außerhalb der Stadt einen geeigneten Platz für eine Burg finden konnte. Die Reise war anstrengend für ihn gewesen, er musste viel unter freiem Himmel übernachten und musste oft, wenn er dachte, nun endlich ein Plätzchen gefunden zu haben, aus unterschiedlichsten Gründen doch wieder weiter ziehen. Wie er so darüber nachdachte, packte ihn plötzlich das Reisefieber. Hier war es ihm auf einmal zu ruhig und langweilig, außerdem gab es nichts Dringendes zu erledigen. Warum also nicht für einige Zeit verreisen? Zwar hätte er immer etwas zu arbeiten gefunden, wenn er unbedingt gewollt hätte, aber für was und für wen sollte er denn ständig seine Burg verbessern? Sie stand sicher und fest, mehr war im Moment nicht nötig. Er konnte es sich ruhig leisten, für eine Weile unterwegs zu sein.

Berti musste überhaupt nicht mehr lange überlegen. Verschmitzt blinzelte er in die Sonne und schwamm flussabwärts. Nach etwa einer Viertelstunde kam Berti an der Streuobstwiese an, wo er vergangenes Jahr den Fuchsbau entdeckt hatte. Dabei überkam ihn ein großes Verlangen, nach der Füchsin und ihren Kindern zu sehen, die inzwischen erwachsen sein mussten. Wie Berti über die Wiese wackelte, hoffte er von Herzen, jemanden anzutreffen. Natürlich war es gut möglich, dass er überhaupt niemanden antreffen würde. Generell war Berti ja auch viel lieber im Wasser unterwegs, aber die Sehnsucht nach Samtpfote ließ ihn den Abstecher auf sich nehmen. Vor dem Bau rief er vorsichtig: „Hallo, ist jemand zu Hause?" Sofort tauchte die Füchsin auf und stieg aus dem Bau, um Berti zu begrüßen. „Guten Tag Biber Berti, das ist ja eine Überraschung!", begrüßte sie ihn freundlich. „Wie geht es Ihnen denn?" „Ach, mir geht es ganz gut. Ich war gerade dabei, den Fluss hinunter zu schwimmen. Wie ich auf Höhe der Streuobstwiese ankam, hatte ich den Einfall, mal wieder bei Ihnen vorbeizuschauen. Wie geht es denn Ihnen und was machen die Kinder?"

„Mir geht es gut, den Kindern auch. Zwischenzeitlich sind sie alle drei ausgezogen." „Wo sind sie denn überall hin?" „Eigentlich sind alle in der Nähe geblieben, wir sehen uns immer noch regelmäßig. Spitznase und Rotfell sind als Erste ausgezogen. Sie haben sich schon im November letzten Jahres einen Behau im Wald gesucht. Samtpfote ist noch fast den ganzen Winter über bei mir geblieben, sie hat am Ende des Winters geheiratet und gerade eben Kinder bekommen. Ich bin nun Oma geworden, Biber Berti", sagte sie stolz. „Das freut mich wirklich sehr!" antwortete Berti. „Sind denn alle wohlauf?" „Alle putzmunter, samt ihrer Mutter, meiner lieben Tochter." „Du meine Güte", sagte Berti, „was vergeht die Zeit doch schnell". „Da haben Sie Recht, Biber Berti. Das soll uns aber an diesem schönen Sonnentag nicht die Gedanken trüben. So lange man gesund ist und dann sogar noch Oma wurde, so wie ich, darf man doch zufrieden sein." „Auf jeden Fall", gab Berti zurück, „mehr als zufrieden sogar!" „Nun will ich Sie aber nicht länger aufhalten, verehrte Dame, sicherlich haben Sie noch zu tun. Es wäre mir aber eine große Freude, wenn Sie Ihrer lieben Tochter die allerherzlichsten Grüße von mir ausrichten würden. Sie sehen Sie doch bald wieder, oder nicht?" „Ja, sogar heute noch. Sie wird sich auch ganz sicher über Ihre Grüße freuen. Erst neulich hat sie mich gefragt, ob ich denn nichts Neues von Ihnen wüsste. Samtpfote hat sie nämlich keineswegs vergessen, müssen Sie wissen". Nun breitete sich ein ehrliches Lächeln auf Bertis Gesicht aus. Samtpfote lag ihm mit ihrer Zerbrechlichkeit besonders am Herzen. Wie eine kleine Prinzessin hatte er sie in Erinnerung. Berti tat es unheimlich gut zu hören, dass Samtpfote ihn noch nicht vergessen hatte. „Ist das denn wahr, fragt sie denn noch nach mir?" „Darauf können Sie wetten, sie hat mich schon ein paar Mal nach Ihnen gefragt." „Sie haben ja gar keine Ahnung, wie sehr ich mich freue, dies hören zu dürfen", sagte Berti sichtlich bewegt. „Grüßen Sie aber auch unbedingt Ihre Jungs von mir, sicherlich sind sie inzwischen

zu stattlichen Männern herangewachsen."
„Das sind sie und nicht nur das, sie sind auch zwei ausgezeichnete Jäger geworden. So oft ich bei ihnen vorbei komme, bieten sie mir frisches Fleisch an. Sind das nicht zwei tüchtige Jungs?" „Doch doch, meine Liebe, zwei prächtige Jungs, da dürfen sie stolz sein. Zustimmend und zufrieden nickte die Füchsin bei diesen Worten. „Besuchen Sie mich doch mal wieder", sagte sie zum Abschluss, „vielleicht können wir es ja sogar einmal einrichten, uns alle wieder zu sehen. Meine Kinder würden sich sicherlich freuen." „Na das wäre ja was", antwortet Berti mit Begeisterung „und ich erst!" Mit diesen Worten drehte sich Berti um und machte sich wieder auf in Richtung Ufer.

Von der Unterhaltung erfrischt, schwamm er gut gelaunt den Fluss hinunter. Er wusste zwar noch nicht so richtig, wo er genau hin wollte und was er dort sollte, aber die Aussicht auf Abwechslung tat ihm gut. Zunächst einmal musste er Biberach durchqueren, was ihm nicht sehr behagte. Berti war immer darauf bedacht, den Menschen nicht zu nahe zu kommen oder diese nicht zu nahe an sich heran kommen zu lassen. Nach der Begegnung mit Franz dem Tunnelgräber war er noch mehr von der Gefährlichkeit der Menschen überzeugt. Leise und unauffällig bewegte er sich daher durchs Wasser. Immer voll konzentriert, damit ihm nichts entgehen konnte. Berti war so schnell unterwegs, dass ihm bei einer Verkehrskontrolle sicherlich der Führerschein entzogen worden wäre, aber zum Glück war er ja ein Biber und musste daher nicht auf rote Ampeln achten. Nach etwa 20 Minuten hatte er es geschafft, das Städtchen lag hinter ihm. Erleichtert atmete Berti auf und gönnte sich eine etwas langsamere Gangart. Endlich konnte er auch die Sonne wieder wahrnehmen. Bei all der Eile und Angst, entdeckt zu werden, konnte er auf diese Dinge überhaupt nicht mehr achten.

Nun aber wehte ihm die Freiheit um die Luft, die er in tiefen Atemzügen einsog. Rechts und links neben ihm breiteten sich grüne Wiesen aus. Die Böschung, durch die sich das Flüsschen schlängelte, war an vielen Stellen von schönen Bäumen und Sträuchern bewachsen, unter die er sich jederzeit verkriechen konnte und die für sein leibliches Wohl sorgen würden. Dies alles nahm Berti mit Zufriedenheit wahr und schwamm nun bester Laune Kilometer um Kilometer den Fluss hinunter. Zur Mittagszeit machte er an einem schönen Plätzchen halt, um seinen Hunger zu stillen und ein bisschen auszuruhen. Danach schwamm er den ganzen Tag bis zum Abend weiter, ohne eine besondere Begegnung zu haben. Zwei Mal schwamm er an einem Entenpaar vorbei und grüßte wie immer freundlich. Die Enten schienen sich aber auf kein Gespräch einlassen zu wollen, grüßten zurückhaltend und schwammen weiter. Am frühen Abend entdeckte er eine Wasserratte und versuchte, ein paar Worte mit ihr zu wechseln. Die Wasserratte hatte aber absolut kein Interesse an einer Unterhaltung und schwamm eilig davon. Berti war ein bisschen enttäuscht von den Begegnungen auf seiner heutigen Reise, freute sich aber trotzdem, eine sehr ordentliche Strecke hinter sich gebracht zu haben. Am Abend hatte er sicherlich fast 30 Kilometer hinter sich gebracht, das war eine durchaus sportliche Leistung. An einer Stelle, an der Unterholz, ganz nah am Wasser, nahm er ein leckeres Abendessen zu sich und schlief dann unter freiem Himmel ein. Zuerst hatte Berti etwas Mühe, einzuschlafen, obwohl er eigentlich ganz schön müde war. Es war eben doch etwas Ungewohntes für ihn, so ganz im Freien zu übernachten. Die Müdigkeit nahm aber derart überhand, dass er schließlich doch einschlief.

Am anderen Morgen wachte er früh auf. Es war sehr kalt, aber Berti hatte ein dichtes wärmendes Fell, das ihn vor der Kälte schützte. Zwar war Berti nicht gerade bequem, aber er musste sich doch eingestehen, dass das Übernachten in seinem Bau eine weitaus angenehmere Sache war als das Übernachten unter freiem Himmel. Noch etwas steif fing er an, sich zu strecken, dann schüttelte er sich den Tau aus dem Fell. Obwohl ihm ein bisschen die Glieder wehtaten, wollte er sich sein Abenteuer nicht verderben lassen. Mutig stürzte er sich in die Fluten, um ein weiteres Stück flussabwärts zu schwimmen. Nach kurzer Zeit kam er in eine kleine Ortschaft. Rechts, unweit des Flusses, konnte Berti Einfamilienhäuser sehen, die hübsch und ordentlich aussahen. Nach einer Weile tauchte sogar ein richtiges Schloss auf, mit einem schönen grünen Park davor. Berti machte große Augen, als er das Schloss sah. Zwar handelte es sich um ein eher kleines Schloss, doch Berti war trotzdem sehr beeindruckt von dem schicken Bauwerk. Das Schloss hatte zwar keine Türmchen, aber mit seinen großen, hohen Sprossenfenstern, die sich auf drei Ebenen verteilten, sah es doch ziemlich elegant aus. Zwei Flaggen wehten in rot und weiß an ihren Fahnenmasten, die rechts und links vor dem Schloss aufgestellt waren.

An das Schloss selber schlossen sich wunderschöne Steinarkaden an, deren Bögen sich elegant aneinander reihten. Ein gepflegter Rasen vor dem Schloss und zahlreiche hohe Bäume auf dem ganzen Areal ließen das alte Gebäude noch eindrucksvoller dastehen. Als Berti das Gebäude so betrachtete, stellte er sich vor, ein echter Prinz zu sein. Alle Bäume im Park würden dann ihm gehören und der Flussabschnitt vor dem Schloss natürlich auch. Alle, die am Schloss vorbei kämen, würden ihn beeindruckt grüßen und Fragen zu dem schönen alten Besitz stellen und Berti würde großzügig Auskunft geben. Berti war ganz in seine Träumereien verloren, als es plötzlich laut neben ihm aufs Wasser klatschte. PATSCH!!! Erschrocken drehte Berti sich um. Nur etwa einen Meter hinter ihm schwamm ein schöner junger Biber, der Berti unfreundlich anschaute. „Guten Tag", grüßte Berti. „Guten Morgen", gab der zurück. „Ach ja, guten Morgen", wiederholte Berti verlegen. „Was starren Sie denn so auf dieses Schloss?", wollte der Biber wissen. „Ach wissen Sie", antwortete Berti, „ich war gerade auf der Durchreise, als mein Blick auf das Schloss hier fiel. Es ist ein recht beeindruckendes Gebäude, da habe ich eben etwas genauer hingeschaut." „Auf der Durchreise also, aha. Dann kann ich wohl davon ausgehen, dass Sie hier keine Wurzeln schlagen möchten. Der Platz ist nämlich schon besetzt. Unweit von dieser Stelle ist meine Burg, Sie können sich also nicht hier nieder lassen." „Ich möchte mich gar nicht hier niederlassen, ich habe schon eine Burg, mehr brauche ich nicht", gab Berti verlegen zurück. „Mein Name ist übrigens Berti, es ist schön, Sie kennen zu lernen." „Max oder eigentlich Schlossmax", gab der andere knapp zurück. Berti sah ihn unschlüssig an, er wusste nicht, ob er versuchen sollte, ein Gespräch anzufangen. Schlossmax sah ihn mit stolzem, kühlem Blick an. Sein Blick war Berti unangenehm. Aber da Schlossmax sich auch nicht von der Stelle rührte, sondern ihn einfach nur anschaute, redete Berti weiter. „Wohnen Sie denn schon länger hier, Herr Schlossmax?" „Schon länger? Mein ganzes Leben lang wohne ich schon hier. Meine ganze Familie ist hier aus der Gegend. Man nennt uns die Schlossbiber Familie. Wo kommen Sie denn eigentlich her?" „Aus Biberach, antwortete Berti." „Biberach", wiederholte Schlossmax und rümpfte dabei die Nase. Dann sagte er abrupt: „Gute Reise Biber

Berti aus Biberach" und schwamm davon. Berti schaute Schlossmax verwundert hinterher. Dieser gab sich alle Mühe, so elegant wie möglich davon zu schwimmen, und trug dabei den Kopf so hoch, dass er bestimmt den Himmel sehen konnte. Ob ihm wohl am Abend das Genick weh tat, überlegte Berti. Er selber entschied sich jedenfalls, den Kopf nicht ganz so hoch tragen zu wollen. Für seinen Geschmack sah es fast ein bisschen lächerlich aus, außerdem könnte man ihn am Ende noch für eingebildet halten. Mit diesen Gedanken schwamm er weiter den Fluss hinab. Inzwischen war es schon später Vormittag und Berti verspürte Hunger. Daher nahm er sich vor, eine günstige Stelle zum Frühstücken auszusuchen. Langsam schwamm er weiter und betrachtete dabei aufmerksam das Ufer. Nach nur wenigen Metern teilte sich der Fluss. In seiner Mitte lag nun eine wunderhübsche Insel, die reichlich mit Gehölz eingewachsen war. Am Ende lief die Flussinsel spitz zu. An dieser Stelle wuchsen die meisten Bäume und Sträucher. Berti fand, dies sei genau die richtige Stelle, um aus dem Wasser zu steigen. Etwas mühsam kletterte er an Land, um sich ein paar leckere Äste auszusuchen, als er überrascht einen angenehmen Duft in der Luft bemerkte. Berti sog die Luft tief ein, was war das? Wie er so überlegte, nahm er ein Rascheln und Knacken war. Vor seinen Augen, direkt neben der Böschung, fiel ein kleines zartes Baumstämmchen zu Boden. War es denn möglich, konnte er hier schon wieder auf einen Artgenossen gestoßen sein? Vorsichtig näherte sich Berti dem Baumstämmchen, das eigentlich nicht viel mehr als eine dicke Rute war, als er unverwechselbar das Geräusch eines kauenden Bibers wahrnahm. Berti kam langsam noch ein paar Schritte näher und erblickte eine Biberdame. Verblüfft blieb Berti stehen und sah sie an. Die Biberdame hatte Berti noch nicht bemerkt. Ruhig saß sie da und kaute weiter. Ihr dunkelbraunes Fell hatte einen schönen seidigen Glanz und als sie schließlich aufsah, kam es Berti so vor, als hätte sie die schönsten dunkelbraunen Augen, die er je gesehen hatte. „Hallo", sagte Berti verlegen. „Darf ich denn etwas näher kommen?" „Hallo", antwortete sie, „kommen Sie näher." Berti kam langsam näher und fühlte sich nun plötzlich fürchterlich beobachtet, während ihr Blick weiter ruhig auf ihm lag. „Ich hoffe, ich habe Sie nicht bei Ihrem Frühstück gestört", sagte er. Dabei wurde er unter seinem Fell ganz rot, was die Biberdame aber zum Glück nicht sehen konnte. „Aber nein", antwortete sie, „Sie stören doch nicht. Haben Sie denn schon gefrühstückt?" „Nein, eigentlich noch nicht." „Haben Sie denn Hunger?" „Ein wenig schon", gab Berti zu, „ich bin gestern lange gereist und weil ich mich hier nicht so gut auskenne, musste ich zuerst nach einem passenden Plätzchen suchen. Wenn ich aber gewusst hätte, dass Sie sich schon für diesen Platz entschieden haben, hätte ich nicht gewagt, Sie zu stören." „Sie stören doch nicht", gab sie freundlich zurück. Dabei sah sie Berti freundlich in die Augen. Berti verspürte ein heftiges Kribbeln im Bauch und bekam ganz weiche Knie.

„Woher sind Sie denn angereist?" „Aus Biberach, dort habe ich meine Burg. „Biberach? Da war ich bisher noch nie, ist es denn eine lange Reise bis Biberach?" „Nicht zu lange, wenn man schnell schwimmt, kann man es flussabwärts an einem Tag schaffen." „Hatten Sie denn eine gute Reise?" „Insgesamt schon, nur das Übernachten im Freien ist ein wenig ungewohnt für mich. In meiner Burg wohne ich nun eben schon fast ein ganzes Jahr sicher und bequem." „Ah, sicher und bequem, das wäre schön. Wissen Sie, ich bin erst vor einer guten Woche von zu Hause weggeschwommen. Meine Mutter hat wieder Nachwuchs geboren, da wurde es zu eng in unserer Burg. Seit dem bin ich unterwegs, um mir eine neue Heimat zu suchen". „Ach wirklich?", fragte Berti. „Das ging mir vergangenes Jahr ebenso, ich weiß, was das bedeutet." „Wie ist denn eigentlich Ihr Name, den habe ich ja noch gar nicht erfahren." „Berta ist mein Name, den finde ich ein bisschen altmodisch." „Ach was, der ist doch nicht altmodisch", sagte Berti aufmunternd. „Mein Name ist übrigens Berti, das ist auch nicht gerade ein super moderner Name." „Berti gefällt mir, klingt irgendwie freundlich", gab Berta zurück. „Danke schön", sagte Berti verlegen. „Wollen Sie denn nicht mit mir frühstücken, Berti? In Gesellschaft schmeckt es immer besser, hat mein Vater oft gesagt." „O, das wäre ja prima, wenn ich in so angenehmer Gesellschaft frühstücken dürfte", antwortete Berti gerührt. „Ich hoffe, die junge Weide ist nach Ihrem Geschmack, Biber Berti. Bitte fangen sie doch schon einmal an." Gemeinsam verspeisten Berti und Berta alle Äste und auch das kleine Stämmchen. Berti kam es so vor, als ob er schon ewig nicht mehr so gut gegessen hätte. Das kleine Bäumchen war so saftig und frisch, dass man kaum genug davon bekommen konnte. Auch das Ambiente war ganz wunderbar, denn die Sonne wärmte Berti und

Berta beim Essen das Fell, sodass sie sich pudelwohl fühlten. „Hm, war das lecker, hat es Ihnen denn auch geschmeckt?" „O ja, das war wirklich fein. Mein Bauch fühlt sich ganz voll an. Ohne Sie hätte ich das nie alles aufessen können, da war es gerade richtig, dass Sie mitgeholfen haben." „Danke nochmals für die Einladung, Berta. Darf ich Sie denn dazu einladen, ein bisschen mit mir spazieren zu schwimmen? Das soll ja auch für die Verdauung gut sein." Sehr gerne Berti, wohin wollen Sie denn mit mir schwimmen?" „Warum nicht ein kleines Stückchen den Fluss hoch", schlug Berti vor. „Da gibt es ein kleines Waldgebiet, in dem man in Ruhe die frische Luft genießen kann." „Klingt gut", willigte Berta ein und so kam es, dass Berti und Berta die Riss hinauf schwammen. Dabei unterhielten sie sich die ganze Zeit über prächtig. Berta und Berti erzählten sich gegenseitig aus ihrem Leben und tauschten sich über ihre Hobbies und Interessen aus. Dabei stellten die beiden fest, wie viele Gemeinsamkeiten sie doch hatten. Sie liebten es beide, Bäume zu fällen und Kanäle zu bauen, die ihnen einen sicheren Zugang zu den Bäumen ermöglichten und den Transport des Holzes erleichterten. Außerdem waren sie beide begeisterte Baumeister, die für eine solide und natürliche Bauweise standen. Besonders freute es Berti auch, wie viel Wert Berta auf ein gepflegtes Fell legte. Es war ihm von Anfang an aufgefallen, wie schön glänzend und gepflegt Bertas Fell aussah. Die beiden fühlten sich rundum wohl miteinander und bemerkten gar nicht, wie schnell die Zeit verging. Als sie im Wald angekommen waren, setzten sie sich an den Rand des Flusses direkt in die Sonne und ließen sich trocknen. Dabei unterhielten sie sich weiterhin prächtig über alles Mögliche, bis die Sonne langsam unterging. „Die Sonne geht ja schon unter", bemerkte Berta. „Ist es denn wirklich schon so spät?" „Ich habe auch gar nicht bemerkt, wie schnell die Zeit verging, ist das denn möglich?", stellte Berti verwundert fest. „Wo werden Sie denn heute die Nacht verbringen?", fragte Berti. „Darüber habe ich noch gar nicht nachgedacht", antwortete Berta. „Gestern habe ich auf der Insel übernachtet, hinten im Gestrüpp, wo man schön ungestört ist." „Warum bleiben Sie denn nicht hier?", wollte Berti wissen. „Ein Stückchen weiter oben habe ich mich gestern in die Büsche geschlagen, das war gar nicht einmal die schlechteste Lösung. Im Wald ist man eben am sichersten vor den Menschen", gab Berti zu bedenken. „Das stimmt", antwortete Berta. „Haben Sie denn auch so viel Schlimmes über die Menschen gehört wie ich?", wollte sie wissen. „Na und ob, so schlimm, dass ich gar nicht darüber reden mag", gab Berti zurück. „Man fragt sich, warum die Menschen nur so sind", wollte Berta wissen. „Wir haben doch noch keinem Menschen etwas getan." „Die Menschen sind eben nicht leicht zu verstehen", warf Berti ein. „Sie denken wohl irgendwie anders als wir." „Wo ich herkomme haben Menschen etwas in den Fluss geschüttet", erzählte Berta. „Danach sind alle Fische gestorben und unsere ganze Familie hatte wochenlang schrecklichen Ausschlag. Beinahe wären wir verrückt geworden." „Wo ich wohne ist der Fluss noch einigermaßen in Ordnung", erzählte Berti, „da kann man von Glück sprechen." „Ja, das kann man, hoffentlich finde ich auch einen Ort wie diesen." „Ganz bestimmt", ermutigte sie Berti, „eine so hübsche und charmante Biberdame hätte das auch verdient." „Danke, Sie bringen mich ja ganz in Verlegenheit, Berti". „Ach wo, ich sage Ihnen ja nur wie es ist. Wollen Sie denn nicht mit mir im Wald bleiben heute Nacht? Wir könnten uns ein bisschen den Sternenhimmel ansehen, ich kenne sogar ein paar Sternbilder. Dann wären wir beide nicht so alleine und würden uns gewiss nicht langweilen." "Das ist eine gute Idee", willigte Berta fröhlich ein und so schwammen sie beide gut gelaunt zu Bertis Versteck unter den Büschen. Dort schwatzten sie noch lange, bevor sie einschliefen. Berti erklärte Berta, wie man den großen Wagen am Nachthimmel finden konnte. Berta konnte Berti gar nicht genug zuhören und fand insgeheim, dass er unglaublich klug war. Berta und Berti schliefen erst ein, als ihnen vor Müdigkeit die Augen zufielen.

Am anderen Morgen wachte Berti noch lange vor Berta auf, die noch immer tief und fest neben ihm unter dem Busch schlief. Berti sah Berta lange an. Er hätte sich nie vorstellen können, wie schön es sein kann, jemandem beim Schlafen zuzukucken. Berti war sehr glücklich über Bertas Anwesenheit, das musste er sich eingestehen. Leise schlich er sich von Berta weg, um sie nicht aufzuwecken. Nun machte er sich daran, die allersaftigsten Weiden und Pappeln zu finden. Berta verriet Berti nämlich, dass Sie Weiden- und Pappeläste besonders gern habe. Berti sammelte so viele wie möglich und schleppte sie alle zu dem Busch, unter dem sie geschlafen hatten. Danach setzte er sich hin und wartete geduldig, bis Berta aufwachte. Als sie endlich anfing sich zu recken, wackelte Berti langsam auf sie zu. „Guten Morgen, Berta, hast du gut geschlafen?" Berta sah Berti etwas verblüfft an, dann sagte sie: „Beinahe hätte ich vergessen wo ich eigentlich bin, ich träumte, ich schliefe in einer bequemen, sicheren Burg." „War es denn ein schöner Traum?", wollte Berti wissen. „Ja, sehr schön. Ich habe auch richtig tief und fest geschlafen." „Das freut mich sehr zu hören", sagte Berti schon fast ein bisschen zu begeistert. Aber er wollte Berta wissen lassen, wie sehr er sich um sie sorgte. „Ich habe Frühstück gemacht, Berta", sagte Berti schüchtern. „Willst du denn gerne mit mir frühstücken?" „Aber natürlich möchte ich gerne mit dir frühstücken", antwortete Berta ehrlich erfreut. „Na prima!", sagte Berti. „Dann darfst du gleich mit den schönsten Ästen anfangen." Berta suchte sich ein paar Äste aus und fing an zu essen, erst dann fing auch Berti an zu frühstücken. Nach dem Frühstück brach die Sonne durch und versprach einen wunderschönen Tag. Berta und Berti freuten sich über das wunderschöne Wetter und entschieden, ein wenig spazieren zu schwimmen. Sie schwammen ein kleines Stückchen den Fluss runter und unterhielten sich wie immer prächtig, als sie eine selbstbewusste Biberstimme hörten. „Guten

Morgen!" Berta und Berti sahen sich um, da entdeckten sie am Ufer des Flusses Schlossmax, wie er in der Sonne saß. „Guten Morgen", gaben die beiden zurück. „Sind Sie denn nicht Biberin Berta, die mir vor zwei Tagen schon einmal begegnete?" „Ja, das bin ich", gab Berta zurück. „Was machen Sie denn in Gesellschaft eines so gewöhnlichen Bibers wie dem da?", wollte Schlossmax wissen. „Wie meinen Sie denn das?", fragte Berta verlegen und hoffte insgeheim, Berti wäre nicht zu sehr getroffen. „Na wissen Sie das denn nicht? Dieser Biber ist ein Habenichts, er kommt von sonst wo her und hat auch keine edle Familienabstammung. „Woher wollen Sie das denn wissen?!", fragte Berta bestürzt. „Man hört so seine Geschichten", sagte Schlossmax bedeutungsvoll. „Was wollen Sie denn damit sagen?", mischte sich Berti nun ein. „Sie kennen mich doch überhaupt nicht. Von wem haben Sie was gehört?" „Nicht so wichtig", gab Schlossmax knapp zurück. Im Gegensatz zu Ihnen bin ich jedenfalls ein besonderer Biber, aus einer sehr angesehenen Familie. Dagegen sind Sie doch nur ein dahergelaufener Vagabund. „Vagabund?!", schnappte Berti nach Luft. „Ja, Vagabund. Was haben Sie denn schon für Qualitäten, Sie können Biberin Berta doch gar nichts bieten. Immerhin habe ich eine große Burg, mit fünf Zimmern, ganz in der Nähe des Schlosses. Sie sollten sich nicht zu viel mit diesem Strauchdieb abgeben, Berta. Wie man sich bettet, so liegt man, pflegte meine Mutter immer zu sagen. Dabei wusste sie genau, wovon sie redete, mein Vater war nämlich ein sehr wohlhabender und angesehener Biber. Als meine Mutter ihn heiratete, konnte sie in eine große, fertiggebaute Burg einziehen." Berta schaute Berti verlegen an. Sie wusste gar nicht, was sie sagen sollte. Berti war verletzt und zornig zugleich, wie konnte dieser eingebildete Biber nur so ungeheuerliche Dinge über ihn sagen. Berti atmete tief ein, dann sagte er: „Was können Sie denn so besonders gut, dass Sie so fürchterlich eingebildet sein müssen?" „Ich? Na eben einfach alles. Sie können Fluss auf Fluss ab keinen besseren Schwimmer finden." „Tatsächlich? Wer soll denn das bezeugen können?", wollte Berti wissen. „Na jeder!", behauptete Schlossmax. „Dann zeigen Sie doch mal, was Sie drauf haben, schwimmen Sie mit mir um die Wette", forderte Berti ihn heraus. „Mit Ihnen um die Wette schwimmen? Warum sollte ich das machen, ich muss Ihnen überhaupt nichts beweisen." „Aber mir!", sagte Berta nun mit überraschend lauter Stimme. Schlossmax und Berti schauten Berta überrascht an. „Wenn Sie so ein toller Biber sind wie Sie sagen, dürfte es ja kein Problem für Sie sein, dies unter Beweis zu stellen." Schlossmax war nun sichtlich unwohl. Krampfhaft schien er zu überlegen, was er Berta antworten sollte. Dabei schaute Berti ihn die ganze Zeit mit herausforderndem Blick an. „Angst?", wollte Berti wissen. „Angst, vor Ihnen? Da lachen ja die Hühner." „Dann können Sie ja antreten", sagte Berta mit fester Stimme. „Sonst muss ich wohl wirklich annehmen, Sie haben den Mund zu voll genommen."

„Ich habe den Mund nicht zu voll genommen. Aber warum sollte ich gegen einen so gewöhnlichen Biber wie diesen antreten, das habe ich ja gar nicht nötig. Er würde sowieso verlieren. Ein Wettkampf muss spannend sein. Man darf nicht im Voraus wissen, wie er ausgeht. Mir wird diese Unterhaltung jetzt auch langsam zu doof, wiedersehen." Mit diesen Worten drehte sich Schlossmax um, ohne eine Antwort abzuwarten, und machte sich davon.

Berti war wütend, er wusste nicht, was Berta nun von ihm dachte. Berta war das Ganze peinlich. Sie hoffte nur, Berti wäre nicht zu sehr von den beleidigenden Worten getroffen. Eine Weile schwammen sie stumm nebeneinander her. Beide waren etwas verlegen und schauten nur gerade aus, bis Berta endlich den Mut aufbrachte etwas zu sagen: „Weißt du was?", fing sie die Unterhaltung an, „heute Morgen habe ich mich richtig über dein Frühstück gefreut. Das war die schönste Überraschung für mich, seit langer Zeit." „Wirklich?", wollte Berti ein bisschen verunsichert wissen. „Ja, wirklich, und es hat mir noch nie jemand so wunderschön den Sternenhimmel erklärt. Von nun an werde ich immer genau hinsehen, wenn die Sterne anfangen zu blinken und hoffe, meinen Stern zu finden. Es wäre schön, wenn ich noch mehr über die Sterne erfahren könnte." „Das ist ja überhaupt kein Problem!", rief Berti begeistert. Ich könnte dir noch viel mehr über Sterne erzählen. Wenn du willst, dann erzähle ich dir alles über Sterne, was ich selber weiß." „Fein, darauf freue ich mich jetzt schon." Endlich wagte Berti wieder zu Berta rüber zu sehen. Berta sah Berti mit leuchtenden Augen an: „Wollen wir langsam umdrehen?", fragte sie. „Bisher war die Stelle im Wald, an der wir übernachtet haben, das Einzige was ich Fluss aufwärts gesehen habe. Weiter bin ich nie gekommen. Vielleicht schaffen wir es ja heute gemeinsam etwas weiter den Fluss hinauf zu schwimmen, mich würde so sehr interessieren, wie es dort aussieht." Da Berti Berta gerne jeden Wunsch erfüllte, schwamm er nun mit ihr flussaufwärts in Richtung Wald. Berti hatte seinen Ärger fast vollkommen vergessen, so glücklich machte ihn die Gegenwart von Berta. Insgeheim hoffte er, Berta würde das Gleiche für ihn empfinden. Ob es wohl so war? Berti überlegte sich, ob er Anhaltspunkte in ihrem Verhalten finden konnte, die auf ihre Verliebtheit hinweisen könnten. Aber bisher konnte er noch keinen hundertprozentigen Hinweis finden. Tief versunken in diesen Überlegungen schwamm er nun grübelnd neben Berta her. Auch Berta schien über irgendetwas nachzudenken, Berti hätte doch nur zu gerne gewusst, über was...

So hilf mir doch jemand!

Berta und Berti hatten gerade das Schloss hinter sich gelassen, als sie plötzlich die Ohren spitzten. „Hörst du das auch, Berti?", fragte Berta. „Ja, hört sich wie Rufen an." „Verstehst du was, Berti?" „Nein, ist zu weit weg." Beide schwammen weiter, während das Rufen immer lauter wurde. Nun verstanden sie auch die Worte: „Hilfe, Hilfe, so hilf mir doch jemaaaaaaaaaaaaaaaaaaaaaaaaaand!" Berta und Berti sahen sich erschrocken an. „Da ruft jemand um Hilfe Berti, was sollen wir tun?" „Am besten in die Richtung schwimmen, aus der die Rufe kommen", meinte Berti. Nun konnte Berta sehen, wer der beste Schwimmer Land auf Land ab war. Denn Berti war nun so schnell losgeschwommen, dass sie ihn fast aus den Augen verlor. So schnell sie konnte, jagte sie hinter ihm her. Es war aber unmöglich, ihn einzuholen. Sie konnte es gerade mal mit knapper Müh und Not schaffen, ihn weiterhin nicht aus den Augen zu verlieren und aus weitem Abstand zu folgen. Von weitem beobachtete Berta, wie Berti an den Rand des Flusses schwamm und etwas mühsam aus dem Wasser kletterte. Einen Augenblick später war er in den Büschen verschwunden. Berta schwamm so schnell sie konnte zu der Stelle, an der Berti aus dem Wasser gestiegen war. „Ich helfe dir!", hörte Berta Berti rufen. Dazwischen schallte es laut: „Au, au, tu doch was!" Berta folgte den Stimmen und kam bald keuchend bei Berti und dem hilferufenden Opfer an. Als sie sah, was los war, traute sie ihren Augen kaum. Vor ihr lag Schlossmax eingeklemmt unter einem Baum. Zum Glück lag er nicht unter dem schweren Stamm, sonst wäre er wahrscheinlich erschlagen worden. Aber einer der größeren Äste hatte ihn unter sich begraben. Dort lag er nun elend und hilflos, immer wieder laut jammernd und im Hilfe rufend. Berti hatte seinen Körper schon unter den Ast geschoben und versuchte ihn mit aller Kraft hoch zu stemmen. Alles, was er damit erreichen konnte, war eine Anhebung des Astes von einem Zentimeter. Schlossmax schaffte es nicht, unter dem Ast heraus zu schlüpfen. „Schnell!", rief er, als er Berta sah. „Wir müssen den Ast abnagen." Beide stürzten sich nun auf den Ast und fingen von beiden Seiten an zu nagen. In weniger als zwei Minuten war der Ast durch. Erleichtert stöhnte Schlossmax auf. Berti und Berta packten den Ast mit vereinten Kräften und zogen ihn weg, um Schlossmax vollends zu befreien. Dieser lag noch immer auf dem Boden, ohne sich zu rühren. Dabei hörte er nicht eine Sekunde lang auf zu jammern. „Au, au, tut das weeeeeeeeeeeeh", lauthals fing er an zu schluchzen. „Berti und Berta standen nun neben ihm. „Wie geht es dir Max, hast du irgendetwas gebrochen?" „Ich weiß es nicht, woher soll ich das wissen?" „Kannst du dich denn bewegen?" „Das weiß ich doch nicht, woher soll denn ich das wissen?" „Willst du es denn einmal ganz vorsichtig versuchen?", fragte Berta. „Wie denn!?", rief Schlossmax wütend. „Na so", sagte Berta und winkte mit den Vorderpfoten. Schlossmax sah sie aufmerksam an, dann winkte er ganz vorsichtig mit den Vorderpfoten. „Na also, geht doch", versuchte Berta ihn aufzumuntern. „Jetzt machst du so", zeigte Berta vor und wackelte mit der Hüfte. Schlossmax schaute ihr zu und machte es vorsichtig nach. Berti musste nun heimlich grinsen. Es sah nämlich lustig aus, wie Schlossmax mit der Hüfte oder besser gesagt mit dem Hintern wackelte. „Siehst du Max, dein Rückgrat ist noch völlig in Ordnung, sonst könntest du das jetzt nicht mehr machen. Nun dämmerte es allen dreien, dass nichts Schlimmes passiert war. Schlossmax, der gerade noch wie ein Schlosshund heulte, hatte seinen Schreck auch schon fast vergessen. Vorsichtig machte er ein paar Schritte vor und zurück, um ganz sicher zu sein, dass alles noch funktionierte. Dann sah er sich verlegen um, ohne einen Ton zu sagen. „Zum Glück sind wir gerade in der Nähe gewesen", sagte Berti. „Wer weiß, was sonst passiert wäre, nicht auszudenken." „Das stimmt", sagte Berta. „Sind wir froh, dass wir dir helfen konnten." „Das stimmt", sagte Berti. „Es ist doch schließlich unsere Pflicht, unseren Mitbibern zu helfen." „Stimmt", sagte nun Schlossmax. „Das hätte ja wohl jeder anständige Biber getan. Außerdem wart ihr beiden mir auch noch etwas schuldig, nachdem ihr euch heute Morgen so unverschämt verhalten habt." Mit diesen Worten drehte er um und marschierte ohne ein Dankeswort davon.

Berta und Berti sahen Schlossmax sprachlos hinterher. Sie hatten zwar keinen Orden für ihre Tat erwartet, aber ein schlichtes Dankeschön wäre doch wohl angebracht gewesen. Berta brach als Erste das Schweigen: „Weisst du was, Berti? Schlossmax hat vielleicht eine größere Biberburg als du, dafür hat er aber keinen Charakter. Wenn hier jemand heute stolz auf sich sein kann, dann bist du es." „Und du!", schob Berti schnell hinterher. Insgeheim freute er sich sehr über Bertas Kompliment, wollte es sich aber nicht zu sehr anmerken lassen. „Ich finde es toll", sagte Berta weiter, „dass du ihm geholfen hast, obwohl er sich schon die ganze Zeit so schlecht benimmt. In Wirklichkeit muss Schlossmax voller Komplexe stecken, sonst hätte er es nicht nötig, sich die ganze Zeit so arrogant zu benehmen." „Da hast du wohl recht", stimmte Berti Berta zu. „Hättest du ihm denn auch geholfen, wenn du gewusst hättest, wie er sich danach benimmt?" „Aber sicher, Berta, das ist doch eine Ehrensache. Ein anständiger Biber hilft ja nicht, um nachher gelobt zu werden, sondern aus Prinzip." Mit dieser Antwort hatte Berti Bertas Herz vollends erobert. Berta sah Berti mit leuchtenden Augen an. „Weißt du was, Berti? Ich glaube, du bist der bewundernswerteste Biber, der mir je begegnet ist." „Danke", antwortete Berti verlegen. „Darf ich dir auch etwas sagen Berta?" „Aber natürlich, alles was du willst!" „Berta", stammelte Berti nun etwas unverständlich. „Du bist die hübscheste Biberin, die mir je begegnet ist." Jetzt starrte Berti verlegen auf den Boden, hoffentlich hatte er nicht zu viel gesagt. Er war fürchterlich aufgeregt, was Berta nun sagen würde. Berta sagte überhaupt nichts, dafür drückte sie Berti schnell einen Kuss auf die Wange und dann sah auch sie zu Boden, weil sie nun selber sehr verlegen war. So standen sie eine Weile voreinander, ohne ein Wort zu sagen. Das ging so lange, bis sie jeden einzelnen Grashalm gezählt hatten, den sie auf dem Boden finden konnten. Berti war durch den unverhofften Kuss von Berta ermutigt und gab sich schließlich einen Ruck: „Berta, ich habe mich gefragt, ob du mit mir nach Biberach kommen möchtest. In meiner Burg ist genügend Platz für uns beide und mir wäre dann in Zukunft nicht mehr so langweilig. Was meinst du?" Berta überlegte eine Weile, dann fragte sie: „Willst du mich denn nur mitnehmen, weil dir langweilig ist?" „Nein", gab Berti verlegen zu, „ich habe dich auch wirklich ausgesprochen gern. Eigentlich sogar mehr als nur das. Willst du vielleicht mit einem verliebten Biber aus Biberach dein Leben verbringen?" „In wen ist der Biber aus Biberach denn verliebt?", fragte Berta verschmitzt. „Na in dich", flüsterte Berti schüchtern. Berta sah Berti glücklich an, drehte sich um und ging in Richtung Ufer. Geschickt ließ sie sich ins Wasser gleiten und schwamm davon. Berti war nun vollends verwirrt. Was war denn das? Wollte Berta denn nicht mit ihm kommen? Hatte er etwas Falsches gesagt? Warum schwamm sie denn jetzt nur davon? Berti hatte ganz weiche Knie und er fühlte sich schwindelig, als er sich ebenfalls in Richtung Fluss aufmachte. Was hatte denn dann nur der Kuss zu bedeuten, den Berta ihm gegeben hatte? Geräuschvoll ließ sich Berti ins Wasser fallen und rief dann noch einmal mit letztem Mut hinter Berta her: "Berta, wo willst du denn hin?" Berta, die nun schon mindestens zwanzig Meter von ihm entfernt war drehte sich um: „Na, nach Biberach!"

Bertis Herz raste ja ohnehin schon schneller als er schwimmen konnte, aber jetzt fing es auch noch an zu hüpfen! Berti wusste überhaupt nicht mehr, wo ihm der Kopf stand. Eigentlich wusste er nicht einmal mehr, wo vorne und hinten war oder oben und unten, aber das war ihm jetzt auch alles ganz egal. Berta wollte also doch mit ihm nach Biberach kommen und sie wollte es so sehr, dass sie es offensichtlich gar nicht mehr erwarten konnte. Berti war nun der glücklichste Biber auf der Welt! Als er Berta eingeholt hatte, sah er sie von der Seite fragend an. „Freust du dich denn schon auf dein neues Zuhause?", wollte er wissen. „Das kann man laut sagen. Die Übernachtungen unter freiem Himmel habe ich auch wirklich satt. Meinst du, wir schaffen das heute noch?" „Bis nach Biberach?" „Ja, bis nach Biberach." „Spätestens wenn die Sterne leuchten sind wir da!"

Berta und Berti schwammen gemeinsam, was das Zeug hielt, ohne auch nur ein einziges Mal halt zu machen. Dabei unterhielten sie sich über Gott und die Welt. Keine einzige Sekunde wurde ihnen langweilig. Während der ganzen

Reise stellte Berta Berti Fragen über Biberach. Sie wollte genau wissen, wie die Burg aussah. Was sie für Nachbarn hatten, welche Bäume dort wuchsen usw. Berti versuchte, alle Fragen so gut wie möglich zu beantworten, trotzdem fielen Berta immer wieder neue Fragen ein und so ging es die ganze Reise lang. Als Berti und Berta endlich in Biberach ankamen, war es schon längst dunkel. Neben den Sternen leuchtete auch noch der Mond voll und rund am Himmel. Alles war nun in fahles Mondlicht getaucht. Die Wasseroberfläche glitzerte im Mondlicht und der Wind rauschte in den Weiden. Bertis Burg tauchte nun aus dem Wasser auf. Leise plätscherte das Wasser dahin und die Rufe der Eule klangen wieder durch den Wald: Huhu, huhu, huhu. Da dachte Berti an seinen Traum zurück, als er die Rufe der Eule hörte. „Und du? Und du? Und du? Berti was suchst du? Berti wohin gehst du?"

„Nach Hause", antwortete Berti in die Stille der Nacht hinein. „Ich hab sie gefunden."

Berta schaute Berti verwundert an. „Was sagst du da?", wollte sie wissen. Berti tauchte aus seinen Gedanken auf und schaute Berta lange an. „Ich bin so froh, dich gefunden zu haben, Berta. Nach dir habe ich lange Zeit gesucht.

Für dich wäre ich bis ans Ende der Welt geschwommen. Darf ich dich nun in meine Burg führen?" Berta nickte mit dem Kopf und schon war Berti abgetaucht. Berta war die Erste, der Berti jemals seinen Geheimeingang zeigte, und auch die Erste, die er jemals in seine Burg ließ. Berta mochte die Burg. Besonders überrascht war sie von dem Vorzimmer, in dem man sich abtrocknen oder essen konnte. Vom Vorzimmer führte sie Berti weiter in die Burg, die ja inzwischen immerhin zwei Zimmer hatte. Beide gefielen Berta gut, auch wenn sie hier und da noch ein paar Veränderungen vornehmen wollte. Aber insgesamt fühlte sich Berta rund um wohl und war unheimlich glücklich, endlich wieder ein Dach über dem Kopf zu haben. Müde kuschelten sich die beiden auf dem weichen, trockenen Boden in der Burg aneinander, und schliefen glücklich und zufrieden ein.

Du hast meine Nuss gestohlen, Dieb!

Noch vor Tagesanbruch stand Berti auf und verschwand leise aus der Burg. Er wollte das allerbeste Frühstück herrichten, bevor Berta aufwachte. Berti suchte die leckersten Sachen zusammen, die man zu dieser Jahreszeit finden konnte. Von allem besorgte er außerdem mehr als genug. Noch bevor die Sonne aufging, war der ganze Vorraum voll mit Leckerbissen. Berti putzte sein Fell, bis es Tipp Top aussah und schlich sich dann wieder zu Berta. Berta schlief noch tief und fest, sie hatte Bertis Abwesenheit überhaupt nicht bemerkt. Berti schlief ebenfalls wieder neben Berta ein, die gestrige Reise hatte auch ihn angestrengt. Beim nächsten Erwachen war es schon später Vormittag. Die Vögel sangen so laut, dass man es in der Burg hören konnte. Auch Berta wurde von diesem wunderbaren Konzert sanft geweckt. „Guten Morgen mein Schatz, hast du gut geschlafen?" „Wunderbar, ich bin nicht ein einziges Mal aufgewacht." „War es denn weich genug für dich?" „So weich wie auf einer Wolke." „Das freut mich zu hören. Schließlich sind wir gestern sehr weit geschwommen, da ist es wichtig, sich wieder auszuruhen." „Apropos Schwimmen, ich habe Hunger." „Hunger? Das ist ja prima, dann können wir gleich zusammen frühstücken." Berti ging Berta voraus ins Speisezimmer. Berta war nicht schlecht überrascht, als sie all das leckere Essen sah, das Berti schon in aller Frühe angeschleppt hatte. „Das ist ja eine Überraschung, wann hast du denn das fabelhafte Frühstück gemacht?" „Heute Morgen, als du noch geschlafen hast. Es sollte eine Überraschung für dich sein. Du sollst dich hier ja wohl fühlen." „Ich fühle mich schon ganz zu Hause, das ist wirklich eine schöne Überraschung. Darf ich denn schon anfangen?" „Aber natürlich, guten Appetit." „Den hab ich!", sagte Berta und sie hatte wirklich einen enormen Appetit. Gemeinsam mit Berti aß sie alles bis auf den letzten Bissen auf. Danach erkundete sie mit Berti die nähere Umgebung.

Von nun an brachen schöne Zeiten für Berti an. Mit Berta baute er gemeinsam die Burg aus und erweiterte sie um weitere drei Zimmer. Das ganze Frühjahr über waren sie zusammen fleißig. Nach und nach stellte Berti Berta auch all den anderen Tieren vor, die er im Laufe der Zeit kennen gelernt hatte. Sogar das Treffen mit der Füchsin und ihren zwischenzeitlich ebenfalls verheirateten Kindern konnte stattfinden. Das war ein ganz besonderer Spaß! Sie feierten gemeinsam bis tief in die Nacht und Samtpfote konnte gar nicht damit aufhören, Berta in den schillerndsten Farben auszumalen, wie wunderbar Berti sie alle gerettet hatte. Sie alle verstanden sich prächtig und noch lange Zeit später sprachen sie von diesem Fest. Nur ein einziges Mal hatten sie Ärger, als Ende April die Burg wegen eines

Hochwassers beschädigt wurde. Es hatte viele Tage geregnet oder geschneit. Dabei stieg das Wasser immer mehr an, bis es schließlich einen Teil der Burg überflutete und auch Baumaterial mit sich riss. Gemeinsam konnten Berti und Berta die Burg aber schnell wieder auf Vordermann bringen. Die gemeinsame Arbeit machte ihnen so viel Spaß, dass sie sich entschlossen, weiter zu bauen. Somit hatten sie nun ebenfalls eine Burg mit fünf Zimmern, genauso wie Schlossmax.

Im Gegensatz zu ihm hatten sie ihre Burg aber selber gebaut und darauf waren sie stolz.

Eines Morgens wachten Berti und Berta wieder eng aneinander gekuschelt auf. Sie fühlten sich rundum wohl und glücklich. Berta erzählte Berti, wie sehr sie sich so einen tollen Bibermann gewünscht hatte und dass ihre Eltern sehr glücklich wären, wenn sie davon wüssten. Berti erzählte Berta, wie einsam und traurig er im Winter war, ohne genau zu wissen, was ihm fehlte. Erst als er den Ausflug zu Franz dem Tunnelgräber unternahm, merkte er, wonach er sich die ganze Zeit gesehnt hatte. Bei dieser Gelegenheit erzählte er Berta die ganze traurige Geschichte von Franz und Franziska. Berta hörte die ganze Zeit aufmerksam zu und war sehr erschüttert. „Ist Franziska denn irgendwann wieder zurückgekehrt?" „Das weiß ich leider nicht, ich habe seit dem nichts mehr von Franz dem Tunnelgräber gehört." „Willst du denn nicht wissen, wie es ihm jetzt geht?" „Natürlich würde ich das gerne wissen, aber bisher hatte ich ja gar keine Zeit, ihn zu besuchen." „Meinst du denn, er würde sich über einen Besuch freuen?", wollte Berta wissen. Berti dachte darüber nach, wie er sich von Franz verabschiedet hatte und welch freundschaftliches Verhältnis sich zwischen ihnen nach kurzer Zeit entwickelt hatte. Franz würde sich nicht nur freuen, ihn wieder zu sehen, er würde sich sogar sehr freuen. Außerdem fühlte er sich seit dem Verlust von Franziska einsam. „Was würdest du davon halten, wenn wir heute einen Ausflug ins Ummendorfer Ried unternehmen würden, um Franz zu besuchen? Er würde sich mit Sicherheit sehr freuen, wenn ich dich vorstellen würde. Hast du Lust?" „Und ob!", rief Berta begeistert aus. „Wir haben schon lange keinen Ausflug mehr gemacht. Um genau zu sein, seit wir hier sind."

Eilig machten sich die beiden aus der Burg, die nun einen Vorder- und Hintereingang hatte. Diesmal machten sie sich über den Hintereingang davon, denn der lag in Richtung Ummendorf und damit stromaufwärts. Berti und Berta hatten ihn beim Bau ihres fünften Zimmers angelegt. Berti meinte, es wäre praktisch, wenn man von beiden Seiten aus in die Burg gelangen konnte. Elegant ließ sich Berta vor Berti ins Wasser gleiten, Berti folgte ihr und nahm dann den Platz neben ihr ein. So schwammen sie nebeneinander her und waren während der ganzen Reise sehr vergnügt. Am schönsten Plätzchen, das sie finden konnten, machten sie für das Frühstück halt. Berti war noch immer sehr aufmerksam und zuvorkommend Berta gegenüber und besorgte ihr mal wieder die besten Leckerbissen, die er dann gemeinsam mit ihr verspeiste.

Inzwischen war es Ende Mai, die Bäume hatten jetzt alle ein wunderschönes, hellgrünes Kleid. Das Blätterdach, welches nur noch einzelne Sonnenstrahlen durchließ, schloss sich dicht über Berti und Berta. Sie hatten in dieser schönen Umgebung gerade ihr Frühstück beendet, als sie es über sich in den Ästen rascheln hörten. Beide schauten neugierig nach oben, konnten aber nichts entdecken. Sie wollten gerade aufgeben, nach dem Grund der Geräusche Ausschau zu halten, als Berti plötzlich etwas auf den Kopf fiel. „Au!", rief Berti erschrocken aus. „Mir ist etwas auf den Kopf gefallen!" Schnell rieb er sich mit der Vorderpfote über den Kopf. „Ist es schlimm?", wollte Berta besorgt wissen. „Nein, es geht schon, mir ist nur ein bisschen schwindelig." „Was ist dir eigentlich auf den Kopf gefallen?" „Weiß ich nicht, es ist neben mir auf den Boden gerollt." Neugierig suchte Berta den Boden ab und fand eine schöne, große runde Walnuss. „Eine Walnuss", sagte Berta. „Eine Walnuss? Wo kommt die denn her?", wollte Berti wissen. Mit einem Mal sahen sich Berti und Berta erst gegenseitig an und dann nach oben. Die Walnuss konnte nur vom Baum gefallen sein. „Komisch", meinte Berti, "wir sitzen ja gar nicht unter einem Walnussbaum, wo kommt denn dann nur die Nuss her?" „Dieb, Diiiiiiiiiiiiiiiiiiiiiiieb!" Kam es plötzlich empört vom Baum herab. „Du hast meine Nuss gestoooooooooooooooohlen!" Berti schaute entsetzt nach oben. Da saß ein kleines rotes Eichhörnchen auf einem Ast und schimpfte, was das Zeug hielt. „Meine Nuss, das da ist meine Nuss, du dicker Biber! Gib sie wieder her!" Berti schaute erstaunt nach oben, er wusste überhaupt nicht, was er sagen sollte. Da ging es plötzlich neben ihm weiter. „Hören Sie auf, meinen Mann zu beleidigen, Sie verrücktes Frettchen, Sie. Mein Mann hat Ihnen nicht die Nuss gestohlen, Sie haben sie ihm auf den Kopf geworfen!"

„Ich, mit Nüssen werfen? Das ist doch überhaupt nicht wahr, ich spiele nie mit dem Essen. Diese Nuss habe ich mir hart erkämpfen müssen. Jetzt ist sie mir ausversehen runter gefallen und Ihr Mann hat sich neben sie gesetzt, um sie mir zu stehlen!" „Stehlen?", rief Berta nun wutentbrannt. "Mein Mann stiehlt doch nicht, Sie unverschämte Person. Was fällt Ihnen eigentlich ein?" „Ich unverschämt?!", kreischte das Eichhörnchen zurück. „Wer von uns beiden ist denn hier unverschämt, Sie haben mich doch gerade Frettchen genannt, Sie überdimensionierte Wasserratte!" „Ruhe!", rief Berti nun mit großer Entschlossenheit. „Schluss jetzt mit dieser Streiterei!" Berta und das Eichhörnchen waren tatsächlich auf der Stelle still, so sehr waren sie über den unerwarteten Ausruf von Berti überrascht. „Wir werden nun weiterschwimmen, dann können Sie von ihrem Baum herunter kommen und Ihre Nuss wieder holen." Ohne eine weitere Reaktion abzuwarten, ging Berti auf das Wasser zu und schwamm davon. Ärgerlich schwamm Berta hinterher. In diesem Moment stürzte ein großer schwarzer Rabe von einem Ast herunter und schnappte sich die Nuss, noch bevor das Eichhörnchen zupacken konnte. "Krah, Krah", schrie der Rabe und flog davon. „Diiiiiiiiiiiiiiiieb, Diiiiiiiiiiiiiiiiiiiieb", schrie das Eichhörnchen wieder entsetzt. Diesmal nur in eine andere Richtung. Berti lachte laut, als er dem ganzen Theater zusah. Nicht, dass er schadenfroh gewesen wäre, aber er hatte einen guten Sinn für Humor. Berta war nun sehr zufrieden und schmunzelte verstohlen vor sich hin, während sie mit Berti weiter flussaufwärts schwamm.

Zu Gast beim Tunnelgräber

Das Wetter war herrlich, eine leichte Brise Wind wehte über Bertis und Bertas Kopf hinweg. Am Himmel waren ein paar weiße Schäfchenwolken zu sehen, die an manchen Stellen die schönsten Luftschlösser formten. Verträumt schaute Berta immer wieder nach oben und stellte sich vor, die Prinzessin in einem dieser Schlösser zu sein. Berti schwamm zielstrebig weiter, er kannte ja schließlich den Weg. Unterwegs dachte er darüber nach, wie es Franz jetzt wohl ginge. Dabei fragte er sich, ob es ihn nicht vielleicht traurig machen würde, wenn er Bertis und Bertas Glück sähe. Gleichzeitig wusste er aber auch, dass sich Franz so oder so über einen Besuch von ihm freuen würde. Daher ließ er sich seine Gedanken nicht trüben und schwamm munter weiter.

Am frühen Nachmittag kamen sie an. Die Sonne stand hoch am Himmel und zauberte die schönsten Schattenspiele im Wald. Kühle, würzige Waldluft wehte Berti und Berta um die Nase und das Schilfgras am Ufer wiegte sich sanft im Wind. Berti traute seinen Augen kaum, als ihm kurz vor dem Ziel zwei wohlbekannte Gestalten begegneten. Völlig unverhofft kamen Herr und Frau Ente daher geschwommen. Frau Entes Federkleid passte mit ihren graubraunen Tönen perfekt zu den Farben des Waldes. Stolz erhobenen Hauptes schwamm Herr Ente neben ihr her, der nun in den schönsten Farben leuchtete. Offenbar hatte den beiden das Frühjahr gut getan, denn sie sahen sehr erholt aus und waren bester Dinge. „Guten Tag, Biber Berti!", riefen sie ihm schon von weitem zu. „Was für eine Überraschung. Es ist schön, Sie einmal wieder zu sehen." „Herr und Frau Ente, das ist ja eine Freude, Sie hier im Wald anzutreffen. Damit hätte ich nicht gerechnet. Sie sehen hervorragend aus, ich nehme an, es geht Ihnen gut." „Uns geht es gut, das ist wahr." „Wissen Sie", sagte Herr Ente stolz, „wir sind nun endlich Großeltern geworden. Unsere Tochter hat sich mit ihrem Mann hier an einem wunderschönen, ruhig gelegenen Waldweiher niedergelassen. Da lassen wir es uns nicht nehmen, täglich mit unseren Enkeln zu spielen. Die Freude und Bewegung tut auch meinem Herzen sehr gut. Nicht wahr, mein Schatz?" „Wohl wahr, wohl wahr", antwortete Frau Ente. Mein Mann blüht regelrecht auf und wenn es ihm und meiner Familie gut geht, dann geht es mir auch gut. Aber Sie sind ja in Begleitung, Herr Biber, würden Sie uns denn bitte vorstellen?" „Es gibt nichts, was ich lieber tun würde", kam es von Berti mit ganzer Ehrlichkeit. „Dies ist meine wunderschöne Braut Berta, wir haben im Frühling geheiratet." „Ach wie uns das freut, nicht wahr mein Lieber?" „Sehr, wahr, sehr wahr, meine Liebe. Wir haben immer gesagt, so ein toller sympathischer Typ wie Biber Berti müsste doch eine Biberin finden, die zu ihm passt. Sie sind auch eine wirklich bezaubernde Biberdame", sagte Herr Ente charmant. „Danke", kam es von Berta und Berti. Denn auch Berti fühlte sich geschmeichelt zu hören, dass das Entenpaar von Berta beeindruckt war. Gleichzeitig freute er sich auch über die anerkennenden Worte, die das Entenpaar für ihn gefunden hatte.

„Wohin sind Sie denn unterwegs?", wollte Frau Ente gerne wissen. „Wir wollen meinen Freund Franz den Tunnelgräber besuchen", antwortete Berti. „Ach herrje", sprach Herr Ente erschüttert. „Ist das nicht der Dachs, dem dieses fürchterliche Unglück zugestoßen ist?" „Ja, ich denke, das ist er. Wissen Sie denn etwas Neues über meinen Freund?" „Nein, das letzte, was meine Frau und ich hörten, war die Geschichte dieses fürchterlichen Überfalls, den grausame Menschen mit ihren blutrünstigen Hunden verübten. Seit dem haben wir nichts mehr gehört." Frau Ente schüttelte entsetzt den Kopf, dann wünschte sie dem Biberpaar mit ihrem Mann eine gute Weiterreise und beide schwammen davon.

Schweigsam schwammen die beiden Biber noch ein paar weitere Minuten durch den Wald, so lange, bis sie zu der Stelle kamen, an der Berti Franz zum ersten Mal begegnet war. Hier stiegen sie aus dem Wasser und wackelten auf den Dachsbau zu.

„Franz, halloooooooooooooo, jemand zu Hause?!" Es kam keine Antwort zurück. Berti versuchte es nochmal, doch auch beim zweiten Mal kam keine Antwort. "Vielleicht ist er nicht da Berti, meinst du er ist unterwegs?" „Nein, das glaube ich nicht. Am Tag kommt Franz nicht so oft aus seinem Bau, es sei denn, er kann sich ganz in seiner Nähe aufhalten. Aber der Bau hat mehrere Eingänge, vielleicht finden wir ihn wo anders." Berti nahm nun die Abkürzung durch den Bau, bis er am Westflügel wieder herauskam. Berta folgte ihm nur unwillig, der dunkle Bau mit seinen tiefen Röhren machte ihr Angst. Berti war selber froh, als er den Weg nach draußen wieder fand. Ihm war auch nicht ganz wohl bei der Sache. Er hätte sich leicht mit Berta in dem komplizierten

Tunnelsystem verlaufen können. Aber zum Glück sah er schon wieder Tageslicht, dem er nun schnell entgegeneilte. Neugierig steckte er die Nase durch die Öffnung ins Freie, als ihn ein fürchterlicher Schmerz durchfuhr. „Autsch!" Schnell zog er seine Nase zurück. „Papa, Papa, komm schnell. Ein Riesenmaulwurf ist in unserem Bau!" „Wer ist da?!", dröhnte die Stimme von Franz dem Tunnelgräber nun in den Bau. „Ich bins Franz, dein Freund Berti!" Franz erkannte Bertis Stimme sofort. „Berti, Berti mein Freund, das darf doch nicht wahr sein! August, geh von dem Tunnel weg, du musst ihn nicht mehr beißen. Der ist harmlos." Erneut schob Berti vorsichtig die Nase aus dem Tunnel, dann folgte der Rest. Franz begrüßte Berti mit einer stürmischen Umarmung. „Meine Güte, alter Freund, was für eine Freude, dich hier zu haben. Wie oft habe ich in der Zwischenzeit an dich gedacht." „Und ich an dich, lieber Franz." Berta war nun in der Zwischenzeit ebenfalls aus dem Tunnel gekrochen. Franz nahm sie ebenso herzlich in den Arm wie Berti und fragte gleich, ob Berta Bertis Frau sei. Dann überschüttete Franz Berta mit hundert echt gemeinten Komplimenten und konnte gar nicht damit aufhören zu sagen, wie sehr er sich für Berti freue. Berti war auch ganz aufgeregt, weil er sich die ganze Zeit fragte, woher denn bloß der kleine August käme. Franz klärte ihn schnell auf. „August ist mein kleiner Sohn, Berti. Er ist ein echter Kerl, daher hat er dir gleich in die Nase gebissen." „Ganz wie der Papa", lachte Berti. „Ja, das stimmt. Ich habe ihm gleich beigebracht, wachsam zu sein. August ist nun zehn Wochen alt und durfte heute zum ersten Mal mit meiner Frau und mir aus dem Bau." „Mit deiner Frau Franziska?" „Genau, mit meiner Frau Franziska. Sie ist vor drei Wochen wieder heimgekommen und brachte August und Maria mit." In diesem Moment kam die kleine Maria um die Ecke gestürmt, blieb aber gleich wie angewurzelt stehen, als Sie Berti und Berta sah. Hinter ihr her kam Franziska, eine Dächsin wie aus dem Bilderbuch. Nun gab es eine große Vorstellungsrunde mit viel Gelächter. Danach versammelte sich die ganze Gesellschaft zum Mittagessen um einen Baum, unter dem noch immer Eicheln zu finden waren. Sie schwatzten und schmatzten zusammen, dass es die reinste Freude war! Nach dem Mittagessen verzogen sie sich alle in den Bau, in dem Berti und Franz das schönste Gästezimmer erhielten, das man sich denken kann. Dort ruhte er sich mit Franziska eine Weile aus, um dann die ganze lange Geschichte zu hören, die Franz über Franziskas Rückkehr zu erzählen hatte.

Vor drei Wochen hörte Franz wieder Geräusche vor seinem Bau. Erschrocken lauerte er hinter dem Eingang, nicht wissend, was auf ihn zukommen würde. Da hörte er plötzlich eine Männerstimme, die sagte: „Jetzt kann ich dich endlich wieder in die Freiheit entlassen, pass gut auf dich auf, meine Kleine." Danach hörte er, wie sich Schritte vom Bau entfernten. In diesem Moment kam ihm Franziska entgegen. Franz war es, als ob er träumte, als Franziska auf ihn zukam. Zum ersten Mal in seinem Leben konnte er sich nicht beherrschen und fing laut an, in Gegenwart eines Anderen zu weinen. Lange lagen er und Franziska sich in den Armen, bis er endlich merkte, dass ihn jemand am Fell zupfte. In diesem Moment sah er erst seine Kinder, die ihrer Mama in den Tunnel gefolgt waren. Es war der glücklichste Moment im Leben der Familie, dies betonten sowohl Franz als auch Franziska immer wieder.

Nach dem Franziska von den ersten zwei Jägern mit Hilfe der Hunde aus dem Bau gezerrt wurde, lag sie leblos am Boden. Trotzdem merkte Kurt, der am Ende dazu gekommen war, dass Franziska noch lebte. Er war es, der Franziska zu einem Tierarzt brachte und persönlich für alle Kosten aufkam. Dem Tierarzt trug er auf, alles zu tun, was in seiner Macht stand. Auch wenn es eine teure Rechnung geben würde. Und der Tierarzt legte sich wirklich mächtig ins Zeug für Franziska. Zuerst legte er sie auf einen silberfarbenen Tisch, dann stach er sie mit etwas Spitzem, bevor Franziska in einen tiefen Schlaf fiel. Nach langer Zeit wachte sie wieder auf. Neben ihr lagen drei Junge, leider überlebte eines davon nur kurz. Das war ein schlimmer Schmerz für Franziska, doch sie nahm sich vor, für ihre anderen zwei Kinder leben zu wollen. Nach und nach erholte sie sich langsam von ihren Verletzungen. Die ganze Zeit wurde sie in einer Box festgehalten, die schön weich gepolstert war. Sie bekam auch täglich alles, was sie zum Leben brauchte. Sogar ihre Kinder wurden so lange mit Milch gefüttert, bis Franziska sie selbst wieder versorgen konnte. Dies dauerte viele Wochen. Oft wurde Franziska aus der Box geholt, dann wurde ihr eine brennende Flüssigkeit auf die Wunden gegossen, die wie Feuer brannte. Franziska verabscheute diese Behandlungen, aber die Wunden heilten und wuchsen wieder zu. Mit der Zeit schloss sich auch das Fell über den Wunden zusammen, sodass man nun nichts mehr von den Verwundungen sehen konnte. Erst als es Franziska wieder ganz gut ging, wurde sie von Jäger Kurt in den Wald zurück gebracht und durfte endlich wieder in Freiheit leben. Gemeinsam mit Franz beweinte sie ihren toten Sohn Hansi, den Franziska leider nicht mehr mitbringen konnte. Sie konnte Franz aber doch ein wenig trösten, da Hansi ganz friedlich eingeschlummert war und einfach nicht mehr aufwachte. Franz entschloss sich dazu, über seine zwei noch lebenden Kinder glücklich zu sein und das wollte er mit seiner Familie auch in Zukunft bleiben. Glücklich und zufrieden.

Berti und Berta verbrachten die Nacht in der Gästekammer. Am nächsten Morgen wurden sie nach einem schönen gemeinsamen Frühstück herzlich verabschiedet. Maria und August nannten Berti und Berta nun Onkel und Tante. Das gefiel den beiden so sehr, dass sie unbedingt Paten werden wollten. Beim Abschied sagte Franz: „Ist es nicht ein wahres Wunder, dass ich meine Franziska nun wieder zurück habe?" „Das ist es," antwortete Berti, „für so ein Wunder habe ich gebetet." Franz schaute Berti nachdenklich an, dann sagte er:

„Da könnte man doch tatsächlich an einen Gott glauben." „An einen guten Gott sogar", schloss Berti das Gespräch ab. Danach gab es noch ein paar herzliche Umarmungen, dann machten sich Berti und Berta wieder auf den Heimweg. Die beiden hatten schon fast das Ende des Waldes erreicht, als Berti sich zu Berta umdrehte. „Wäre es nicht wunderschön, wenn wir beiden auch Kinder hätten, Berta?" Berta lächelte Berti liebevoll an. „Haben wir doch bald!"

Über die Autorin

Nadine Schemperle (31.12.1979) arbeitete nach ihrer Ausbildung in der Krankenpflege zwei Jahre lang als Krankenschwester. Danach ließ sie sich zur Fachlehrerin für musisch-technische Fächer in den Fächern Informatik, Wirtschaftslehre, Technik und Sport im PFS in Kirchheim unter Teck ausbilden. Anschließend studierte sie die Fächer Deutsch, ev. Theologie und Sport an der Pädagogischen Hochschule in Weingarten. Nach ihrem Referendariat war sie für zwei Jahre als Lehrerin an der Mittelschule in Bayern tätig. Anschließend zog sie nach Zürich, wo sie seit 2011 als Sekundarlehrerin unterrichtet. In dieser Zeit schrieb sie mehrere Fachbuchbeiträge im Bereich der praktischen Theologie und den Sozialwissenschaften. Seit 2016 engagiert sie sich als Botschafterin für IJM im Kampf gegen moderne Sklaverei und Zwangsprostitution. Der gesamterlös dieses Buches kommt deshalb IJM Deutschland zugute.

Quellenverzeichnis

Grafiken

Holger Friedrich, Berlin

Bücher

Tierwohnungen, Eva-Maria Dreyer et.al.

Tiere im Garten, Klaus Richarz et.al.

Tiere am Teich, Eva-Maria Dreyer et.al.

Kartenmaterial

TK (7724) Ehingen (Donau), BaWü

TK (8024) Bad Waldsee, BaWü

TK (7824) Biberach an der Riß - Nord, BaWü

TK (7725) Laupheim, BaWü

TK (7924) Biberach an der Riß – Süd, BaWü

*Sämtliches Kartenmaterial entstammt dem Landesamt für Geoinformation und Landentwicklung

Druck:
Canon Deutschland Business Services GmbH
im Auftrag der KNV-Gruppe
Ferdinand-Jühlke-Str. 7
99095 Erfurt